VERONIKA EGGER

Das Priesterkind

Über die Autorin:

Veronika Egger, 1977 im bayerischen Miesbach geboren, hat zunächst Lehramt in Passau studiert, bevor sie in Regensburg ein Tourismusstudium absolvierte. Seit 2008 ist sie Gästeführerin im Bayerischen Wald. Heute arbeitet sie in einer Agentur für Regionalentwicklung und bietet zudem Wandertouren und Themenwanderungen für Gruppen und Einzelgäste an.

Veronika Egger
mit Andrea Micus

DAS PRIESTER KIND

Mich durfte es nicht geben. Wie ich dennoch glücklich wurde

lübbe

Dieser Titel ist auch als E-Book erschienen.

Die Bastei Lübbe AG verfolgt eine nachhaltige Buchproduktion. Wir verwenden Papiere aus nachhaltiger Forstwirtschaft und verzichten darauf, Bücher einzeln in Folie zu verpacken. Wir stellen unsere Bücher in Deutschland und Europa (EU) her und arbeiten mit den Druckereien kontinuierlich an einer positiven Ökobilanz.

FSC www.fsc.org
MIX
Papier aus verantwortungsvollen Quellen
FSC® C014496

Originalausgabe

Textredaktion: Dr. Matthias Auer
Umschlaggestaltung: Tanja Østlyngen unter Verwendung eines Motivs von
© getty-images Deutschland GmbH
Satz: hanseatenSatz-bremen, Bremen
Gesetzt aus der Adobe Garamond Pro
Druck und Verarbeitung: GGP Media GmbH, Pößneck
Printed in Germany
ISBN 978-3-404-61733-3

2 4 5 3 1

Sie finden uns im Internet unter luebbe-sachbuch.de
Bitte beachten Sie auch: lesejury.de

»Frieden findet man nur in den Wäldern.«
Michelangelo (1475–1564)

Kapitel 1

»Ab sofort sagst du nicht mehr, wer dein Vater ist, Veronika!«

Ich sitze mit meiner Mutter an unserem kleinen Esstisch in der Küche und genieße eine große Portion leckere Nudeln mit Tomatensauce.

»Wieso? Warum soll ich das denn nicht mehr sagen?«, frage ich zwischen zwei Bissen und weiß wirklich nicht, was sie damit meint.

Doch Mama ist es ernst. Denn bevor ich weitere Fragen stellen kann, streckt sie mir kurz die offene Handfläche entgegen. Das heißt Stopp und ist die für sie typische Handbewegung, die kein weiteres Nachfragen mehr erlaubt.

Nur einen Satz zur Erklärung schiebt sie noch nach.

»Dein Schuldirektor möchte das nicht, und wir müssen uns daran halten …«

Ich sehe sie irritiert an und verstehe auch nach diesem Hinweis nicht, warum ich nichts mehr über meinen Vater erzählen soll. Es gibt doch so viel Spannendes zu berichten. Allein diese farbenschillernden, wertvollen Gewänder, die er in der Kirche trägt. Ich wette, dass die Väter meiner Freundinnen so etwas nicht besitzen! Zudem darf ich in die Sakristei und dort die glänzenden Kelche bestaunen und in die vielen alten Bücher schauen. Und ich spiele auch mit Papas wertvollen riesengroßen Holzfiguren. Wer darf das schon? »Ein lustiger Engel mit einem großen Hut auf dem Kopf« ist übrigens meine Lieblingsfigur.

Er blickt mich immer aus den Augenwinkeln an, egal von welcher Seite ich gucke. Das ist total faszinierend. Dazu hat er ein Lächeln, das mich an unseren Nachbarn Gustl erinnert, der mir immer Äpfel schenkt.

Ich bin auch dabei, wenn sich mein Vater auf wichtige Predigten vorbereitet und ganz konzentriert auf seiner alten Schreibmaschine tippt. Gut, ich muss dann ganz still sein, aber eine Zeit lang ist es trotzdem ganz schön. Ich male in dieser Zeit am liebsten Bilder, und das gleichmäßige Tippen ist wie eine beruhigende Melodie, die mich auf besonders ausgefallene Ideen bringt. Ich male gern Kirchtürme, aber auch Altäre und Heiligenfiguren, alles in bunten Farben und mit ganz viel Gold.

»Wir sind ein gutes Team«, sagt Papa häufig, lobt mich anschließend für meine farbenfrohen Bilder und liest mir im Gegenzug aus seiner fertigen Predigt vor. Meistens geht es darum, dass Gott uns liebt und immer ein Auge auf uns wirft. Ich mag diese Vorstellung. Sie gibt mir Sicherheit.

Das ganze Ergebnis seiner Schreibarbeit höre ich dann zusammen mit meiner Mutter bei der nächsten Sonntagspredigt in der Kirche. Leider sitzen wir nie in der ersten Reihe, sondern immer irgendwo hinten. Aber ich genieße es trotzdem, wenn ich meinen Vater dort vorn stehen sehe und alle ihm andächtig lauschen. Es ist mucksmäuschenstill in der Kirche. Man hört nichts, nur seine donnernde Stimme, die den ganzen riesigen Kirchenraum erfüllt.

Es ist ein wunderschönes Gefühl, dass der Pfarrer da vorn, der, den alle mögen und bewundern, den alle um Rat fragen und der auf alles eine Antwort weiß, zu mir gehört.

Aber mein Vater ist auch noch darüber hinaus etwas Besonderes. Er ist nicht einer dieser immer mürrisch dreinblickenden Pfarrer, die etwas Unnahbares haben, nein, dieser Pfarrer ist einer, der stets lacht, der überall dabei ist, wo sich die Gemeinde trifft, der mit allen scherzt und jedem zuhört. Er spielt Fußball, feiert Feste mit, sitzt in den Gasthöfen beim Kartenspiel und wandert an den freien Tagen mit Jugendlichen in den Bergen. Ich glaube, die Leute hier lieben ihn wirklich, ach was, ich glaube, man liebt ihn auf der ganzen Welt.

Und dieser tolle Pfarrer Graml, das ist mein Vater!

Aber das soll ich ja jetzt nicht mehr sagen. Dabei weiß es sowieso jeder, zumindest hier in meinem Weiler und auch in der Gemeinde, in Irschenberg, in der ich zur Schule gehe.

In Gedanken versunken schiebe ich die Nudeln, die mir gerade von der Gabel gerutscht sind, mit dem Löffel zurück und versuche, weiter mein Mittagessen zu genießen.

Mama stochert wortlos in der Sauce herum. Sie scheint nicht nur keinen Appetit zu haben, nein, sie wirkt auch wieder traurig, wie so oft in der letzten Zeit.

Ich erkenne das an der Stille. Wenn Mama, die eigentlich fröhlich ist und viel lacht, nicht mehr spricht, dann ist sie bedrückt, und meistens ist das auch der Auftakt zu einem leisen Weinen. Sie weint oft, zumindest immer dann, wenn Papa anruft und sagt, dass er nicht kommen kann. Ob sie heute auch weint, weil sie mit dem Schuldirektor gesprochen hat, werde ich gleich sehen.

Und wirklich, ihre Augen werden ganz feucht, und sie nimmt sich schnell die Serviette und wischt sich damit die Tränen weg.

»Komm, iss weiter«, sagt sie. »Ich habe auch noch einen leckeren Apfelbrei für dich gemacht.«

Sie gibt mir neckisch einen Stupser auf die Nasenspitze. »Veronika, komm, denk an etwas anderes. Denk an Schnuffi, dein Meerschweinchen. Das freut sich schon, dass du ihm gleich ein saftiges Salatblatt gibst.«

Schnuffi, ja, um Schnuffi kümmere ich mich gleich. Aber ich bin jetzt auch traurig. Warum ist bei mir bloß immer alles anders?

Meine Freundinnen haben Eltern, über die sie nicht nur sprechen dürfen, sondern die auch zusammenleben und mit denen sie regelmäßig etwas unternehmen. Nur bei mir ist alles immer sehr, sehr kompliziert.

Ich bin sieben Jahre alt und wohne seit meiner Geburt mit meiner Mutter, der Egger Gerti, in einem typisch bayerischen Zweifamilienhaus in Auerschmied. Es ist nicht unser Haus, wir haben nur eine kleine Wohnung darin. Drei winzige Zimmer, eine Küche, ein Bad und einen schönen Balkon, auf dem mein Meerschweinchen wohnt und auf dem in der warmen Jahreszeit immer herrlich bunte Blumen blühen. Denn Mama liebt Blumen, und sie liebt ihr Zuhause.

»Auerschmied ist kein Ort, sondern ein 30-Seelen-Weiler«, sagt sie immer und hat mir auch den Unterschied erklärt. Ein Weiler besteht nur aus wenigen Häusern, bei uns sind es gerade mal zehn.

Es ist also sehr überschaubar hier, jeder kennt jeden, seine Gewohnheiten, seine Vorlieben. Man weiß, wann die Frau Huber zum Einkaufen fährt, und kennt die Katzen aller Nachbarn mit Namen. Jeder hört, wenn sich die Stadlers anschreien, und es wird getuschelt, dass die Schusters im Nachbardorf den Hof aufgeben. Aber ich mag das. Auerschmied, das ist viel Heimat, Vertrauen, ein bisschen wie Familie.

Hier wohnen auch ein paar Kinder, mit denen ich mich gut verstehe und häufig gemeinsam im nahe gelegenen Wald unterwegs bin. Es gibt einen Bach, der sich durch den Weiler schlängelt, viele im Sommer herrlich blühende Wiesen, und wenn die Luft klar ist, können wir von einer Anhöhe aus das Mangfallgebirge sehen.

»Wir leben hier genauso idyllisch wie Schneewittchen und die Zwerge, nur nicht hinter, sondern vor den sieben Bergen«, sagt Mama oft und spricht dann ganz geheimnisvoll, sodass ich richtig in Märchenstimmung komme und mich herrlich geborgen fühle.

Seit ein paar Wochen ist meine kleine Welt allerdings viel größer geworden, denn ich bin jetzt ein Schulkind und fahre jeden Morgen mit dem Schulbus in die weite Welt, genauer ins rund sieben Kilometer entfernte Irschenberg, denn dort ist die nächste Grundschule. Meine Mutter, die bislang als Zimmermädchen in einer Pension in Schliersee gearbeitet hat, suchte sich daraufhin extra einen Job in der Nähe. Sie arbeitet nun halbtags in einem Haushalt und ist meist schon zu Hause, wenn ich mittags zurückkomme. Ich fühle mich superwohl und gehe gern zur Schule.

Mama sieht immer noch traurig aus. Was hat sie bloß? Bestimmt hängt es mit ihrem Besuch bei meinem Schuldirektor zusammen. Ich wusste, dass sie heute bei ihm einen Termin hatte, konnte mir aber nicht vorstellen, weshalb. Denn eigentlich bin ich gut in der Schule, besonders im Religionsunterricht. Warum, ist klar. Durch Papa weiß ich ganz viel über die Kirche, und wenn meine Religionslehrerin uns Kinder etwas fragt, zeige ich immer auf, weil ich mich in Kirchendingen richtig gut auskenne. Ich bin durch mein Insiderwissen quasi Expertin und gebe gern viel davon preis.

Aber vielleicht ist das ja nicht richtig, und der Direktor hat meine Mutter deshalb in die Schule bestellt?

»Ab sofort sagst du nicht mehr, wer dein Vater ist!«

Mamas Satz geht mir immer wieder durch den Kopf.

Und dann kommt mir ein Gedanke, der mich nicht mehr loslässt: Niemand soll wissen, wer er ist! Das ist es, was sie so traurig macht …

Aber das geht doch gar nicht! Was sage ich denn, wenn wir

demnächst von unseren Eltern erzählen sollen? Das tun wir nämlich gerade im Unterricht. Jedes Kind stellt sich und seine Familie vor. Und was sage ich dann? Torsten, ein Junge aus meiner Klasse, hat stolz »der Papa ist ein Zimmermann« gesagt und beschrieben, was sein Vater genau macht.

»Der Papa ist Pfarrer« darf ich jetzt nicht mehr sagen. Dabei habe ich mich sehr darauf gefreut, ausführlich zu erzählen, wie die Arbeit eines Pfarrers ist. Ich bin ja, zumindest manchmal, hautnah mit dabei.

»Magst du nicht mehr?«, fragt mich Mama jetzt, und als ich den Kopf schüttle, tauscht sie den halb leer gegessenen Spaghetti-Teller gegen eine Schale Apfelbrei aus und meint: »Lass es dir schmecken, meine Kleine.«

Doch ich weiß nicht, ob das noch klappt. Es geht mir zu viel durch den Kopf.

Ich darf ja auch nicht lügen, das hat mir mein Papa schon oft gesagt. Erst kürzlich wieder, als wir zusammen auf dem Sofa saßen und Papa mir aus einem Märchenbuch vorgelesen hat. Ich liebe es, wenn er vorliest, weil er so eine tiefe, kräftige Stimme hat und es so spannend macht, dass ich wie weggeschaltet bin. Am Schluss, als er das Buch zuklappte, meinte er noch, dass es wichtig sei, die Wahrheit zu sagen, immer.

»Der liebe Gott erlaubt keine Lüge«, meinte er und sah mich dabei lächelnd an. »Das steht ja in den Zehn Geboten!«

Und dann musste ich sie aufzählen, und Papa hat mich gelobt, weil ich sie perfekt aufsagen konnte.

»Du bist ein gutes Mädchen«, hat er gemeint und mich gedrückt. Papa und ich, wir lieben uns.

Und damit sitze ich jetzt in der Falle. Ich darf nicht sagen, wer mein Vater ist, und ich darf nicht lügen. Wie passt das zusammen?

»Pfarrer dürfen keine Kinder haben«, sagt Mama dann plötzlich, während sie den Abwasch macht. Offenbar sieht sie mir an, dass mich das Thema sehr beschäftigt.

»Aber er hat doch ein Kind, mich. Darf es mich denn jetzt nicht geben? Komme ich ins Gefängnis? Oder der Papa? Oder wir beide?«

Ich bin richtig nervös und habe auch ein bisschen Angst bekommen.

»Nein, nein, alles gut.« Sie streichelt mir über die Wange. »Es ist übrigens wunderbar, dass es dich gibt.«

Aber mir wird das alles zu viel. So viel Durcheinander. Ich darf nicht sagen, wer mein Vater ist, und eigentlich darf es mich gar nicht geben. Warum ist das überhaupt so wichtig? Ich sehe doch meinen Vater sowieso nur wenige Tage im Monat. Darf ich das bald auch nicht mehr?

Ich brauche Ruhe, um über all das nachzudenken.

Mama trocknet das Geschirr ab, und ich frage, ob ich in mein Zimmer gehen könne. Zum Glück nickt sie, und ich lege mich erschöpft aufs Bett und schließe die Augen. Meine Gedanken tanzen zu wild in meinem Kopf.

Warum ist bei mir bloß immer alles so kompliziert? Andere Kinder dürfen sagen, was die Eltern machen, und sie leben zusammen in einem Haushalt. Bei mir ist alles anders. Ich bin bei meinem Vater immer nur zu Besuch.

»Ein Pfarrer lebt dort, wo er arbeitet«, hat meine Mutter mir erklärt, und ich habe es geschluckt.

Mein Vater arbeitet in einer Klinik, genauer im Klinikum in Ebersberg. Das ist ein kleines Städtchen ca. 40 Kilometer von uns entfernt. Dort wohnt er in einer kleinen Angestelltenwohnung auf dem Klinikgelände. Aber er springt auch noch bei anderen Kirchengemeinden im Umfeld ein und gibt dort Gottesdienste. Deshalb hat er wenig Zeit, und deshalb ist jeder Tag mit ihm etwas Besonderes, ein richtiger Festtag.

Meistens kommt er zu uns nach Auerschmied. Mama macht dann Braten und Kartoffelknödel, zum Nachtisch gibt es Strudel. Sie deckt wunderschön den Tisch und zieht sich das schickste Dirndl an, und auch ich trage mein Sonntagskleid.

Während Mama in der Küche alles vorbereitet, setze ich mich ans Fenster und warte, bis ich Papas Auto auf dem schmalen Weg entdecke. Dann sause ich blitzschnell durchs Haus auf den Hof und sehe zitternd vor Freude zu, wie er den Wagen parkt und aussteigt.

Oft hat er Geschenke für mich dabei und auch Lebensmittel für uns. Er bringt leckeren Schinken mit oder Süßigkeiten, häufig besondere Spezialitäten aus München. Papa bleibt meistens bis zum nächsten Morgen.

Wir gehen in der Zeit viel mit ihm spazieren und sind häufig im Wald unterwegs. Mama kennt sich perfekt aus. Ich glaube, es gibt nicht eine Pflanze, die sie nicht kennt.

Oft ziehen wir mit Körbchen los und sammeln Früchte und Beeren, aber auch Pilze und Blätter für einen frischen Salat. Und wir sammeln unsere eigene kleine Hausapotheke. Denn Mama weiß genau, welches Kraut bei welcher Krankheit hilft.

Sie gibt mir Ringelblumensalbe auf die Wunde, wenn ich mir beim Toben die Knie aufgeschlagen habe, und setzt einen Sud aus Heidelbeeren an, wenn mir übel ist und ich denke, dass ich mich übergeben muss.

Wenn Papa unruhig ist und Herzrasen hat, bekommt er Zitronenmelisse, und wenn er nicht schlafen kann, mixt sie ihm einen Tee aus Baldrian und Kamille.

Sie weiß wirklich alles über die Natur, und ich lerne so viel von ihr. Aber auch Papa kennt sich im Wald gut aus. Er ist allerdings am besten bei den Tieren bewandert, erkennt die vielen verschiedenen Vögel an ihrem Gesang und kann auch Wildspuren auf dem Erdboden lesen. Deshalb ist für mich ein Waldspaziergang fast wie eine Unterrichtsstunde, nur viel, viel spannender. Und weil es so schön ist, genießen wir es auch immer ganz ausgiebig.

Wir wandern den ganzen Tag, erzählen und singen, und zwischendurch gibt es ein langes Picknick. Papa hat immer einen randvoll gepackten Rucksack dabei, aus dem er die leckersten Sachen zieht. Dann sitzen wir drei entweder auf einer Decke oder auf einer kleinen Holzbank am Waldrand, essen Brezen mit Obazdn oder eine Leberkässemmel und Wurstsalat. Wir beobachten die Vögel am Himmel und die Käfer am Boden. Wir horchen auf Geräusche und zählen die Wolken.

Das sind die schönen Stunden mit Papa. Sie sind unbeschwert und herzlich. Aber so ein Tag, auf den ich mich eine oder zwei Wochen lang freue, kann auch ganz anders aussehen. Dann kommt kein Auto weit und breit, sondern ich höre das Telefon klingeln, und wenn Mama abhebt, fließen schnell Tränen, erst bei ihr und dann auch bei mir. Denn Papa hat abgesagt. Mal ist es ein Trauerfall in der Gemeinde, mal muss er für einen anderen Pfarrer einspringen. Oder es gibt ein Kirchenfest oder, oder, oder.

Begründungen gibt es viele, und Papa kann sich ja nicht zerreißen. Alle wollen ihn bei sich haben. Für Mama und mich heißt das aber, wieder eine Woche oder gar zwei auf ihn zu warten, und für den freien Sonntag heißt es, dass er einfach zerstört ist.

Gut, natürlich unternimmt Mama auch allein etwas mit mir. »Wir lassen uns doch den Tag nicht verderben«, sagt sie dann, und wir wandern zu zweit los. Aber sie geht mit einer Absage nicht so locker um, wie sie es mich denken lassen will. Ich soll nicht sehen, dass sie traurig ist. Doch ich merke genau, wie sehr sie gegen die Tränen kämpft. Sie kann mir nichts vormachen. Ich bin ihre Tochter.

Ähnlich trostlos können auch die unregelmäßigen Sonntagseinladungen bei meiner Oma Karin, Mamas Mutter, enden. Sie lebt seit Opa Peters Tod allein im wenige Kilometer entfernten Hausham, und mehrmals im Jahr sind wir dort alle drei am Sonntag zum Essen eingeladen. Mama, sie ist übrigens Einzelkind wie ich, freut sich immer sehr darauf, weil wir dann nicht allein sind und sie etwas Familie spüren kann.

Wir fahren immer zu zweit vor, und Papa kommt nach. Zumindest denken wir das – und irgendwann geht dann das Telefon, und Papa sagt ab, weil er mal wieder keine Zeit hat. Ich weiß nie, warum das so ist. Mama murmelt etwas von einem Sterbefall, einer Jugendfreizeit, die am Sonntag endet oder einer Gemeindefeier. Aber eigentlich ist das einerlei. Was allein zählt, das ist, dass Papa auch hier nicht kommt und damit die wenige Zeit, in der die Familie zusammen sein kann, die gemeinsame Zeit, auf die wir uns alle so sehr freuten, ausfällt.

»Nun gräme dich nicht, sondern genieße den Sonntag!«, sagt Oma Karin dann und stellt ihr liebevoll zubereitetes Essen auf den Tisch. Sie möchte uns ablenken mit ihren leckeren Gerichten, aber auch mit irgendwelchen Geschichten von ihren Freundinnen. »Weißt du eigentlich, dass die Ingrid jetzt auch in Hausham wohnt?«, erzählt sie, oder: »Die Sybille hat sich einen Garten gepachtet und kann von der Ernte fast leben.«

Aber meine Mutter ist mit beidem schlecht aufzuheitern. Und so bleibt sie die ganze Zeit über traurig. Für sie ist mal wieder eine kleine Welt zusammengebrochen, und sie weiß genau, dass bis zum nächsten Treffen viel Zeit vergehen kann.

Wenn Mama sich dann aber beruhigt hat, beginnt sie meistens sofort wieder zu planen.

»Wenn wir zum Papa fahren, gehen wir in einen schönen Biergarten und gönnen uns eine leckere Brotzeit«, verspricht sie mir gern und malt mir aus, was wir in München bald alles unternehmen.

»Wenn …«, denke ich dann immer. Denn aus der angekündigten einen Woche, die bis dahin vergeht, können gut auch zwei oder mehr werden, weil Papa keine Zeit hat und uns immer wieder absagt.

Früher, als Papa noch in Hausham, genauer in Agatharied gearbeitet hat, war es leichter, zusammen zu sein. Ich war noch sehr klein und erinnere mich nicht mehr wirklich daran. Aber Mama erzählt oft von der Zeit, weil er damals bei uns in der Nähe wohnte und immer kurz vorbeischauen konnte. Aber dann musste er umziehen, erst nach Garmisch-Partenkirchen und dann nach Ebersberg. Jetzt trennt uns eine Stunde Autofahrt.

Ich wäre gern mehr mit meinem Vater zusammen. Er fehlt mir. Vielleicht erzähle ich auch deshalb so gern von ihm. Dann ist er mir näher. Aber das ist ja jetzt auch vorbei.

Als ich an diesem Tag noch mit Schnuffi spiele, bin ich nicht mehr fröhlich, und in der Nacht kann ich nicht schlafen, weil mir immer noch zu viel durch den Kopf schießt. Ich habe Angst vor morgen, vor der Schule, vor den Lehrern. Denn ich stecke in der Falle.

Was soll ich denn sagen, wenn mich Frau Hartmann, meine Klassenlehrerin, fragt, was mein Vater beruflich macht? Wenn ich die Wahrheit sage, ist es falsch, und Mama und ich bekommen Ärger. Wenn ich nichts sage, bekomme ich einen Tadel, und wenn ich lüge, ist mir der liebe Gott böse. Ich kenne ja sein Gebot.

Im Grunde ist es aussichtslos. Ich kann machen, was ich will. Ich mache es immer falsch.

Ich spüre, wie sich die Angst immer mehr in mir ausbreitet.

Die Angst, anzuecken und etwas falsch zu machen, aber auch die Angst, verurteilt und nicht mehr geliebt zu werden. Es sind zu viele Verbote und Regeln. Ich verliere den Überblick.

Ich wälze mich unruhig im Bett hin und her und achte auch jetzt darauf, dass die Matratze dabei nicht zu sehr quietscht. Das ist auch so ein Problem, wie ich lernen musste, denn Alois, unser Vermieter, hat sich darüber schon beschwert.

Vor ein paar Wochen stand er plötzlich an einem Montagmorgen ganz früh vor der Tür und klopfte. »Immer wenn Besuch da ist, quietscht die Matratze …«, hat er im Gespräch mit Mama lautstark herumgepoltert. Das hat sie ganz besonders geärgert, und sie hat den Alois richtig ausgeschimpft. Papa, der mit mir in der Küche frühstückte, hat nichts dazu gesagt. Er ist nicht mal hinaus auf den Flur gegangen, sondern ganz stumm am Tisch sitzen geblieben und hat keinen Mucks von sich gegeben, während meine Mutter mit Alois in der Tür stand und sich lautstark gegen ihn zur Wehr setzte.

»Das ist eine Unverschämtheit«, habe ich sie schimpfen hören, und der Alois hat etwas gesagt von »… das hättest du dir früher überlegen müssen, bevor du das Bankert hattest.«

»Was ist ein Bankert genau?«, fragte ich Papa leise. Er hat nur mit den Schultern gezuckt und »Das habe ich noch nie gehört« gemurmelt.

Ich habe mich darüber gewundert. Denn Bankert hat vor einigen Wochen auch die Bäuerin vom Schandler-Hof gesagt, als ich mit Mama zum Bäcker gegangen bin. Sie stand mit einer anderen Frau vor der Eingangstür, und als meine Mutter hineingehen wollte, hat sie »Nun lass mal die Gerti und ihr Bankert vorgehen« gesagt. Mama hat dann sofort meine Hand gegriffen und mich an sich gezogen, so, als ob sie Angst um mich hätte und mich schützen müsste.

Auf dem Nachhauseweg, ich hatte eine knusprige Breze in der Hand, von der ich immer wieder mit großem Appetit abbiss, fragte ich sie dann, was ein Bankert sei.

»Das ist ein Wort für ein Kind …«, hat Mama schmallippig geantwortet

»Ein gutes Wort?«

»Wie man es nimmt …«

»Aber die Bäuerin hat es ziemlich gemein gesagt.«

»Ja, wenn Menschen gemein sind, hört es sich auch so an. Aber weißt du was, vergiss das Wort wieder. Ich mache das auch. Dann müssen wir beide uns keine Gedanken darüber machen.«

Da habe ich ganz fest in die Breze gebissen und mir vorgenommen, nicht mehr an das alles zu denken … Es wird mir zu viel. Ich bin sieben Jahre alt, und mein Leben besteht nur noch aus Abwarten – und neuerdings auch Verschweigen. Ich möchte aber so gern einfach nur Normalität. Ohne Streitereien, Angriffe und kurzfristige Absagen. Ich möchte, dass wir drei zusammen sind, am liebsten immer. Wir haben doch nur uns und müssen zusammenhalten. Gut, der Papa kennt viele Leute, aber hier im Weiler spricht er mit niemandem. Er nickt nur kurz und huscht ins Haus. Und Mama trifft sich auch mit niemandem. Sie ist immer nur mit mir zusammen. Wir haben ein völlig abgekapseltes Familienleben, und das ist nicht gut.

Müde, erschöpft, aufgewühlt und mit klopfendem Herzen ziehe ich mir die Decke über den Kopf. Ich möchte nichts sehen, nichts hören, nicht sprechen. Einfach nur allein sein und vergessen.

*

»Sieh mal, Papa, der Löwenzahn, er blüht so gelb wie die Sonne! Ich pflücke welchen für die Mama.«

Papa nickt und streichelt mir liebevoll übers Haar.

»Das ist eine gute Idee, Veronika. Du bist ein wirklich liebes Mädchen. Dann kann sie sich die Blumen zu Hause in eine Vase stellen und sich immer an unseren schönen Wanderausflug heute erinnern.«

Ich schmiege mich an ihn, obwohl ich weiß, dass Papa das nicht so mag. Körperliche Berührungen sind ihm etwas unangenehm. Das spüre ich. Gut, er nimmt mich schon in den Arm, streichelt mir über den Kopf und küsst mich auf die Wange, aber es sind nur ganz kurze Momente. Längeres Kuscheln? Nein, das mag er nicht.

Dabei wünsche ich mir so sehr, dass er mich lange in den Arm nimmt, festhält, mich streichelt. So wie Mama das macht. Aber mein Vater kann das nicht. Ich habe es ein paarmal versucht, aber sein Körper verkrampft dann richtig und wird ganz starr. Wenn ich ihn dann nicht von mir aus loslasse, schiebt er mich zwar sanft, aber bestimmt zur Seite.

Er ist nicht nur bei mir so, auch mit meiner Mutter mag er nicht kuscheln. Ich sehe die beiden nie eng umschlungen irgendwo stehen und erlebe nie, dass sie abends ganz nah nebeneinander auf dem Sofa sitzen und fernsehen. Nein, das gibt es nicht. Sie sitzen zusammen wie Gemeindemitglieder in der Kirchenbank. Vertraut, aber nie wirklich eng.

Da es innige Berührungen selten gibt, mag ich es besonders, wenn mir mein Vater wenigstens Komplimente macht. Denn ich bin gern ein liebes Mädchen, genauer »sein« liebes Mädchen, und als ich die Blumen pflücke, sind seine Blicke wie Streicheleinheiten.

Meine Eltern und ich sind schon seit vielen Stunden unterwegs. Wir waren am Seehamer See, haben in einer Gaststätte Brotzeit gemacht und sind jetzt auf dem Heimweg.

Papa und ich gehen voraus und haben Mama ein bisschen hinter uns gelassen. Ich nehme seine Hand, halte stolz in der anderen die Blumen, und ganz gemütlich spazieren wir zurück nach Auerschmied. Ich fühle mich wohl, denn ich weiß, dass ich jetzt meinen Papa ganz für mich allein habe. Heute geht es um keine Beerdigung und keine Hochzeit, es geht nur um Mama und um mich, um unsere kleine Familie. Es ist ein wunderschöner Sommertag, und ich blinzle zufrieden in die Sonne.

»Weißt du, die Dorthe, die aus der Schule, die pflückt jeden Tag Blumen für ihre Mutter und ihren Vater«, erzähle ich unbekümmert. »Was sind deine Lieblingsblumen?«

»Lilien«, antwortet er wie aus der Pistole geschossen.

»Solche, die auch in der Kirche stehen?«

»Ganz genau, vor der Mutter-Gottes-Statue, die ich dir beim letzten Mal gezeigt habe.«

»Die große, die neben dem Beichtstuhl steht?«

»Ja, genau die. Schön, dass du dich so gut erinnerst.«

Papa drückt zur Bekräftigung sanft meine Hand. Ich erwidere den Druck. Wir verstehen uns.

»Mama, kommst du?«, rufe ich und drehe mich zu meiner Mutter um, die mich fröhlich anlächelt.

Aber was ist das? Ihre Gesichtszüge werden plötzlich ernst. Zeitgleich lässt mein Vater meine Hand los. Ich sehe aufgeschreckt zu ihm hoch. Aber er ist schon weg, hetzt in großen Schritten zu einem winzigen Feldweg, der in ein kleines Waldstück führt. Was ist mit Papa?

Auf dem großen Weg, der nach Auerschmied führt, kommt ein Mann auf uns zu. Der Förster? Ein Bauer? Aber es ist unwichtig. Mich interessiert nur, wohin jetzt so aufgeregt mein Vater rennt. Ich möchte gerade »Papa« rufen, als ich schon Mamas Hand auf meinem Mund spüre.

»Psst!« Sie beugt sich zu mir hinunter. »Sei jetzt ganz still, Schatz«, flüstert sie mir ins Ohr und sieht mich ernst an. »Es ist wichtig, hörst du?«

Ich nicke, bin aber so überrumpelt, dass mir vor Schreck die Blumen aus der Hand fallen.

Tränen schießen mir in die Augen, und meine Knie zittern.

»Ganz ruhig, meine Kleine«, meint Mama und hockt sich neben mich. Mit der einen Hand hält sie mich umfangen und mit der anderen sammelt sie die Blumen auf.

»Aber … wo … ist denn Papa?«, presse ich schließlich schluchzend heraus, weil ich ihn nicht mehr sehe, und zugleich habe ich Angst, dass mir der Satz zu laut herausgerutscht ist. Ich will nicht schon wieder Ärger bekommen.

»Grüß Gott, Veronika«, höre ich den Mann dann schon von Weitem sagen, und dabei winkt er uns sogar zu. »Alles in Ordnung mit euch beiden?«

»Ja klar, Fritz, die Kleine hatte Angst vor einer Biene und hat deshalb geweint. Aber jetzt ist das Tierchen schon wieder weggeflogen. Danke, dass du fragst.«

Mama strahlt den älteren Mann an, der jetzt direkt auf uns zukommt. Er schüttelt amüsiert den Kopf.

»Ja, ja, so ist das mit den Bienen. Die stiften immer nur Verwirrung. Dann macht's mal gut, ihr beiden.«

Mit einem Kopfnicken weist er zum Wäldchen. »Du, Veronika, der Graml Josef läuft nur ein paar Meter weiter vorn. Aber bestimmt hast du ihn gesehen. Ihr seid ja quasi gerade erst gemeinsam spaziert …«

Mit einem Lächeln sieht er erst zu mir und dann zur Mama. »Habt einen schönen Sonntag!«, sagt er dann freundlich, lüftet kurz seinen Hut und geht mit einem »Pfiat di Gott« weiter.

Mama und ich sehen ihm nach, und wir sind beide mächtig angespannt. Ich zittere immer noch vor Aufregung. Es ging alles so schnell. Ich bin von ganz oben auf Wolke sieben hart auf den Boden geprallt. Papas große Hand, sie steht für Sicherheit und Zugehörigkeit. Sie weggerissen zu bekommen ist ein Schock.

Mama scheint meine Anspannung zu spüren. Sie nimmt mich in ihre Arme, und ich genieße die Wärme, die sie mir gibt, und sehe über ihre Schulter hinweg, wie der fremde Mann zwischen den Bäumen verschwindet.

»Sieh mal, dort hinten«, flüstert sie mir da ins Ohr und deutet mit der Hand die Richtung an. »Dort hinten, gleich neben den beiden Obstbäumen, dort auf der Bank, da sitzt der Papa und wartet auf dich.«

Sie streichelt mir über die Wange.

»So, nun lauf schon, lauf zum Papa. Er freut sich auf dich.«

Aber ich mag nicht mehr. Was ist, wenn wieder jemand aus dem Dorf hier spazieren geht? Dann reißt sich der Papa wieder von mir los und rennt weg. Nein, das will ich nicht mehr.

Ich schüttle den Kopf.

»Magst du nicht zum Papa?«, fragt mich Mama wieder, und plötzlich platzt es aus mir heraus.

»Nein, ich mag nicht mehr, nie mehr. Ich gehe jetzt nur noch mit dir.«

Mama sieht mich erschrocken an, dann nimmt sie meine Hand.

»Das ist auch gut, Veronika. Komm, dann gehen wir beide jetzt zusammen.«

Wenig später setzen wir uns zu Papa auf die Bank, und niemand spricht mehr an, was passiert ist. Das ist auch nicht nötig, denn ich weiß ja, was los ist.

Ein katholischer Pfarrer darf keine Kinder haben, und der Mann auf dem Weg, der meinen Vater kannte, durfte nicht sehen, dass er ein Kind an der Hand hatte. Papa musste sich mal wieder entscheiden, zwischen seiner Kirche und seiner Tochter. Er hat sich entschieden und versucht, mich unsichtbar zu machen. Ich begreife, dass zu meinem Leben neben Warten und Verleugnen auch das Verstecken gehört und meine ganze Existenz ein einziges großes Geheimnis ist.

Ich merke es jeden Tag. Die Woche über in der Schule, in der ich nicht die Wahrheit sagen darf, und sonntags in der Gemeinde, in der ich unsichtbar bleiben soll. Wenn Papa seine Messe gehalten hat und zur Verabschiedung am Ausgang steht, wechselt er mit jedem der Messebesucher ein paar Worte. Nur Mama und mich lässt er wortlos an sich vorbeigehen.

Ich möchte so gern stehen bleiben und »Hallo, Papa« sagen, aber Mama hat mir eingetrichtert, dass ich das nicht dürfe. Ich soll nichts sagen, am besten keine Miene verziehen, einfach nur an ihm vorübergehen und höchstens ein »Grüß Gott« murmeln.

Das ist grausam. Wenn ich auf gleicher Höhe bin, umgibt mich sein vertrauter Duft wie eine warme Wolke. In dem Moment möchte ich mich von Mamas Hand losreißen, mich an meinen Vater schmiegen, egal, was die Leute sagen. Aber ich darf es nicht!

Draußen, auf dem Kirchplatz, auf dem sich dann die Gläubigen versammeln, um zu reden, gehen wir schweigend durch die Menschentraube. Wir bleiben nirgends stehen, weil auch niemand mit uns redet. Das Kirchleben findet ohne uns statt.

»Arbeit ist Arbeit, und Familie ist Familie. Das trennt man schön«, hat mir Papa einmal erklärt.

»Aber mein Vater bist du doch immer«, habe ich entgegnet, doch für Papa war das Thema erledigt.

Kapitel 2

Wir besuchen heute Papa in Ebersberg. »Wenn er so wenig Zeit hat, dann müssen wir eben zu ihm«, sagt Mama immer, aber meine Begeisterung, nach Ebersberg zu fahren, hält sich in Grenzen, denn auch dort geht es wieder ums Verstecken. Im Auto ist alles noch super. Wir hören Schlager, singen mit, lachen und erzählen uns viel, ich von meinen Lehrern und den Mitschülern, Mama von ihrer Arbeit im Haushalt. Wir haben allein immer Spaß zusammen. Doch kaum auf dem Klinikgelände angelangt, ergreift meine Mutter eine sichtbare Unruhe.

»Denk daran, es ist besser, wenn uns hier niemand sieht«, schärft sie mir jedes Mal ein, bevor wir auf den riesengroßen Parkplatz fahren. »Es könnte uns jemand erkennen. Hier lassen sich auch Patienten aus Irschenberg oder Hausham behandeln.«

Ihre Stimme klingt brüchig. Sie ist nervös.

»Ja, ich weiß«, sage ich leise. Es ist mir nicht neu, dass ich auch hier auf dem Krankenhausgelände das große Geheimnis bin.

Vor dem Aussteigen sieht sich Mama immer noch einmal um, prüft, ob sie unter den vielen Patienten und Besuchern, die hier ein und aus gehen, nicht irgendein vertrautes Gesicht erkennt. Erst wenn »die Luft rein ist«, wie sie gern scherzhaft sagt, geht's los, und wir flitzen so schnell wie möglich zum Hauseingang, in dem Mama unruhig auf den Klingelknopf drückt. Zum Glück surrt es schnell. Die Tür springt auf. Mama schiebt mich rasch in den Flur, und dann schleichen wir durch die Gänge, und ich fühle mich ein bisschen wie der Einbrecher in einem Krimi, den ich kürzlich im Fernsehen gesehen habe.

»Komm, husch, husch, schnell in die Wohnung«, versucht sie, mir spielerisch die Anspannung zu nehmen. Aber ich bin ja nicht auf den Kopf gefallen und weiß genau, was los ist.

Wir bleiben auch nicht einfach vor Papas Wohnungstür stehen und klingeln, nein, wir gehen scheinbar achtlos vorbei, und erst, wenn Papa von innen die Tür öffnet und sich dahinter versteckt, schlüpfen wir blitzschnell hinein. Was für ein Theater!

Aber das ist noch nicht alles, was wir an Regeln berücksichtigen müssen. Wir dürfen auch in der Wohnung nicht laut sprechen, damit niemand hört, dass Papa Besuch hat, und ich darf auch nicht am Fenster stehen.

Um all die Spielregeln beachten zu können, bleibe ich die meiste Zeit nahezu stumm und fast bewegungslos. Außer bei der Begrüßung, da nehme ich meinen Vater stürmisch in den Arm, weil ich meine Freude nicht kontrollieren kann. Und ihm scheint es genauso zu gehen, denn er strahlt mich an, drückt und küsst mich.

Als uns Mama bei unserem Besuch den kleinen Küchentisch deckt und die mitgebrachte Brotzeit auspackt, klingelt plötzlich das Telefon. Papa zuckt richtig zusammen, fängt sich aber schnell. Er legt mir den Finger auf den Mund und signalisiert mir damit, still zu sein.

»Du sagst nichts«, flüstert Mama mir noch zu, denn doppelt hält besser, und ich muss mucksmäuschenstill sein, solange er spricht.

Es ist jemand von der Klinikleitung am Apparat, es geht um Termine. Ich bleibe einfach sitzen, fasse nichts an, warte, denn ich kenne das alles.

Das letzte Mal, als ich hier war, war es ein Patient, der anrief, weil er Papas Beistand brauchte. Da durfte ich mich auch nicht rühren. Papa hat mir erklärt, dass es egal sei, wer dran ist. Er muss für jeden in seiner Wohnung erreichbar sein. Allein und auf seine Arbeit konzentriert. Das ist wichtig. Ein Pfarrer hat ein kompliziertes Leben.

Gut, Mama könnte ja eine Verwandte sein. Das wäre noch zu erklären. Doch es geht um mich. »Niemand darf wissen, dass regelmäßig ein Kind bei ihm ist«, hat Mama mir schon mehrmals eingebläut. Deshalb müssen wir uns ruhig verhalten. Mal wieder!

Diese vielen Ge- und Verbote machen mich ganz unsicher. Es gibt Tage, da tanzen alle in meinem Kopf hin und her, und ich kann kaum einen klaren Gedanken fassen. Dazu kommen die Tage, da macht mich die Angst, das alles nicht einhalten zu können, richtig nervös. An diesen Tagen spreche ich kaum, weil ich mich auf meine Regeln fixiere. Es wird mir alles zu viel. Denn es geht ja nicht nur um mein Verhalten in Ebersberg oder in der Schule. Ich muss mir auch jede Menge Regeln in Auerschmied merken, damit unser Vermieter, der keine Kinder mag, nicht sauer wird und uns nicht vor die Tür setzt.

So darf ich keine Geburtstage feiern und keine Kinder einladen, ich darf zu bestimmten Zeiten nicht baden und im Treppenhaus nicht sprechen. Ich muss eigentlich unsichtbar sein. Und genauso unsichtbar wie bei unserem Vermieter Alois habe ich auch in Ebersberg zu sein. Und auch in der Schule und in der Kirche und beim Spaziergang und überall.

Was ist denn bloß so schlimm an mir, dass es mich eigentlich nicht geben sollte, frage ich mich. Am besten wäre es, wenn ich einfach weg wäre. Wenn ich verschwinde, hätten es alle wohl leichter.

Ich überlege, ob mein Leben schon immer so kompliziert war, oder ob ich mir vieles nur einbilde. Aber ich weiß keine Antwort. Und so schließe ich die Augen und träume mich in die schönen Momente hinein, die es trotz aller Schwierigkeiten ja auch gibt. Ich denke etwa an Schnuffi, mein Meerschweinchen, das jetzt einen neuen Freund bekommen hat: Lucky. Ich kann stundenlang neben ihnen sitzen und sie beim Spielen beobachten …

Papa hat zwischenzeitlich das Telefonat beendet. Ich darf wieder sprechen.

»Möchtest du etwas Apfelsaft«, fragt mich Mama. »Oder etwas Käse?«

Ich schüttle den Kopf. »Nein danke!«

Ich möchte so schnell wie möglich wieder nach Hause.

*

Das prachtvolle Grün umarmt mich wie ein warmer Mantel. Um mich herum stehen dichte Sträucher, und über mir schwingen die Baumkronen wie schützende Dächer. Ich höre das anschwellende Rauschen der Blätter, weil jetzt ein kräftiger Wind weht. Es klingt ein wenig wie die Brandung des Meeres.

Unter meinen Füßen raschelt das Laub, und auf meinem Weg durch das Dickicht bewundere ich die unzähligen Grünschattierungen, die die Natur hervorbringt. Die Luft ist mild, rein und kommt mir bei jedem Atemzug wie ein kraftvoller Vitamincocktail vor. Ich könnte stundenlang über den federnden Moosboden laufen, vorbei an Farnen und langen Gräsern, wohlig umhüllt vom Grün und der Stille.

Ich liebe den Wald! Er ist wie ein weites, wohliges Zuhause, meine Zuflucht. Er enttäuscht mich nie, und er schmerzt nie.

Ich kann mich auf ihn verlassen. Er ist da und immer schön, zu jeder Jahres- und Tageszeit.

Die Geräusche sind in meinen Ohren wie Musik. Sie begleiten meine Schritte, und der Geruch der Bäume durchdringt meine Seele. Im Wald bin ich gut so, wie ich bin! Aber er schluckt mich auch, ich gehe regelrecht in ihm auf.

Seit ein paar Monaten bin ich nach der Schule immer hier. Ich habe den Tieren, die mir begegnen, den Rehen und Hasen, den Eichhörnchen und Füchsen, Namen gegeben, kenne gefühlt jeden Baumstamm, auf dem man gut und bequem sitzen kann. Nach der Schule, wenn ich mit Mama gegessen habe, packe ich mir eine Brotzeit für später ein und ziehe los.

Manchmal kommen ein paar Kinder aus unserem Weiler mit, und wir bauen am Waldrand aus den Ästen Höhlen oder stauen mit allem, was wir finden können, das Wasser eines Baches. Wir spielen auch gern Verstecken oder machen einfach nichts und erfreuen uns daran, den Eichhörnchen beim Nüssesammeln zuzusehen.

Aber meistens bin ich allein, und wenn ich ehrlich bin, ist mir das auch am liebsten. Denn der Wald steht für mich auch für Vergessen. Allein im Wald muss ich mich vor niemandem in Acht nehmen, nichts berücksichtigen, an nichts denken. Ich kann nicht auffallen und nichts falsch machen, weil niemand da ist, dem das auffallen könnte. Es darf mich hier geben, ich bin da, allein, für mich. Das ist schön!

*

Die Pension »Bayerwald« liegt in der Nähe von Grafenau auf einer Bergkuppe, umrahmt von tiefgrünen Wiesen, auf denen immer wieder laut muhende Kühe grasen. Von der Terrasse aus hat man einen Blick auf die dunkelgrünen Berghänge des Bayerischen Waldes. Es ist Mai, und auf den Bergspitzen glitzert noch übrig gebliebener Schnee. Ich träume mich gern da hinauf und stelle mir vor, wie es sein muss, dort oben in den Eiskristallen zu stehen und auf das grüne Tal hinabzusehen.

Die Pension ist wunderschön, mit einem umlaufenden Holzbalkon, an dessen Geländer riesengroße Blumenkästen hängen, aus denen tiefrote Blumen üppig wachsen.

Wir, das heißt meine Eltern und ich, machen Ferien und haben ein großzügiges Zimmer in diesem Gasthaus bekommen, mit einem Doppelbett für Mama und Papa und einem Kinderbett für mich. Wir haben auch einen eigenen Balkon, auf dem wir uns sonnen und die herrliche Landschaft zum Greifen nah bestaunen können. Wir frühstücken in der Gaststube, und unser Tisch steht direkt am Kamin. Wenn wir morgens herunterkommen, liegen schon unsere Servietten in hübsch bestickten Umschlägen für uns bereit. »Josef Graml« und »Gerti Graml« steht darauf, und auf meiner steht »Veronika«.

Es gibt Spiegeleier, Semmeln, Marmelade und frische Milch, und wir genießen es, so lange zu essen, wie es uns gefällt. Papa liest anschließend noch in der Zeitung, und Mama spielt mit mir Kreuzworträtsel, »Schiffe versenken« und »Mensch ärgere Dich nicht«. Oft male ich auch am Frühstückstisch, aber längst keine Kirchtürme mehr, das ist vorbei. Am liebsten mag ich Naturbilder von der Landschaft ringsum oder Tiere, quirlige Eichhörnchen und scheue Rehe.

Anschließend machen wir Ausflüge, mal gehen wir ins Schwimmbad oder zum Einkaufen, wir besuchen ein Trachtenmuseum oder einen Wildpark. Ich füttere Ziegen und Schafe, streichle Hühner und sehe den unbeschwert hoppelnden Kaninchen zu. Aber meistens gehen wir wandern, bestaunen die Berge und machen unterwegs Picknick. Abends essen wir wieder an unserem Tisch am Kamin.

Auch an den anderen Tischen sitzen Familien, und oft spiele ich mit den Kindern, mal in einer Ecke im Restaurant oder bei schönem Wetter draußen auf dem Hof.

Der Urlaub ist wunderschön, weil wir hier wie eine ganz normale Familie leben. Wir sind zusammen, Tag und Nacht, und alle Verbote gelten nicht. Ich kann ganz normal »Papa« sagen, ohne dass Mama mir in die Seite knufft und »Psst, lass das« zuflüstert. Mein Papa darf mein Papa sein. Und er sagt das verbotene Wort auch selbst. »Ich bin der Papa der Veronika«, hat er erst gestern zu Mia gesagt, einem Mädchen, das ich hier in der Pension kennengelernt habe. Ich habe mich so gefreut, dass ich bestimmt über das ganze Gesicht gestrahlt habe.

»Ich bin der Papa der Veronika«, das war für mich ein Satz wie Schokolade, und ich bin in dem Moment das glücklichste Mädchen auf der Welt gewesen. Denn er bedeutet: Papa bekennt sich zu mir! Und das ist das, was ich mir am meisten wünsche. Ein Papa, der zu mir steht, der da ist und der den Alltag mit mir lebt. Diese Tage in Grafenau, sie sind jedoch leider die Ausnahme, aber ich wünsche mir, dass sie eines Tages doch noch Normalität werden. Ich wünsche mir einen Papa, der da ist. 24 Stunden am Tag. 365 Tage im Jahr.

Und im Moment sieht es sogar ein bisschen danach aus, zumindest hoffe ich das. Alles ist in diesem Urlaub so schön, so vertraut, das empfindet auch mein Vater so, denn man sieht ihm an, dass er die Zeit mit uns genießt. Außerdem merkt er doch auch, dass ich ihn brauche. Es gibt keinen Vater, dem das gleichgültig ist.

Am Abend, kurz vor dem Schlafengehen, sage ich ihm, dass ich ihn liebhätte, und er sagt mir auch, dass er mich liebe. Das ist bestimmt ein Zeichen, dass bald alles gut sein wird. Vielleicht sagt er der Kirche ja doch »adieu«. Ich glaube fest daran. Vielleicht sogar schon bald.

Am nächsten Tag gehen wir auf den Lusen, einen bei Wanderern sehr bekannten Berg in der Region. Wir wandern häufig lange Strecken. Ich bin geübt und halte problemlos mit. Papa und Mama nehmen mich in die Mitte, und ich fühle mich wie auf Wolken, sicher und warm und behütet.

Später sitzen wir auf einer Bank, beißen abwechselnd in eine Brezen, und Papa schneidet uns mit seinem tollen Schweizer Messer Apfelschnitze. Als wir aufgegessen haben, lehnt er sich zufrieden zurück, sieht ins Tal und schwärmt von der Landschaft.

»Hier möchte ich einmal leben, wenn ich nicht mehr im Dienst bin«, sagt er beim Blick auf die sanft geschwungenen Hügel. »Für mich ist das hier der schönste Teil Deutschlands.«

Ich zucke zusammen, denke »dann erst«? Papa ist 47 Jahre alt. Wollen wir denn noch 20 Jahre so leben? Ich bin sehr enttäuscht.

Papa scheint die Zeit dagegen nicht zu schrecken.

»Bis dahin muss ich noch ein bisschen arbeiten, und du, Veronika, musst noch ein bisschen lernen und fleißig sein in der Schule. Man kann ja nicht immer Urlaub machen.« Er blinzelt mir zu. »Aber drei Tage haben wir ja noch …«

Noch drei Tage. Ein Satz wie ein Messerstich, denn er bedeutet, dass mein wohliger Familientraum bald vorbei ist und offenbar auch weiterhin die Ausnahme bleibt. Es geht zurück, schon bald, und mir wird plötzlich ganz schummerig vor Augen, mein Magen kneift, und ich fühle mich schlecht.

»Sieh mal, Josef, die Veronika ist ganz blass«, meint Mama plötzlich. »Sie wird doch nicht wieder krank.«

Ich schüttle den Kopf. »Nein, es geht schon. Kommt, lasst uns auf den Berg gehen.«

Aber richtig wohl fühle ich mich nicht mehr. Doch ich versuche, mein Unwohlsein zu verdrängen, um diese letzten drei Tage nicht zu gefährden. Hoffentlich klappt's. Ich bin nämlich häufig krank, habe Bauchweh, Schwindel, Kopfschmerzen, Infekte. Irgendetwas ist immer. Nur hier in den Ferien hatte ich bis jetzt nichts. Und das muss auch so bleiben. Die letzten Tage müssen richtig toll werden. Unbedingt. Damit mein Vater endlich versteht, dass es schön mit uns ist, viel schöner als in der Kirche.

*

Auf der Heimfahrt kullern mir die Tränen. Ich bin traurig und habe auch wieder Angst. Morgen geht es zurück nach Auerschmied, und wenn ich Montag wieder in die Schule komme, darf es meinen Vater nicht mehr geben.

Wie soll das eigentlich gehen? Das ganze Versteckspiel mit meinem Vater ist schon schwer genug auszuhalten, aber jetzt muss ich mit Blick auf die Ferien auch noch herumdrucksen. Wir sprechen doch darüber, was wir in den Schulferien erlebt haben! Und was sage ich dann? Soll ich erzählen, dass ich mit einem Freund der Familie im Urlaub gewesen sei? Oder soll ich sagen, dass ein Nachbar dabei war, der den Bayerischen Wald ebenfalls liebt? Reicht es nicht, dass ich mit den Schultern zucke, wenn mich jemand nach meinem Vater fragt?

Ich habe auch schon daran gedacht zu sagen, dass er tot sei. Aber dann habe ich Angst, mich zu versündigen. Was soll ich denn bloß sagen? Ich habe längst Angst vor allen Fragen. Am besten erscheint es mir, wenn ich jedem aus dem Weg gehe, damit niemand auf die Idee kommt, mich anzusprechen. Am sichersten ist es für mich zu Hause. Da kann mich niemand erwischen und mir Fragen stellen. Und im Wald, denn dort ist auch keiner.

Doof ist, dass ich zur Schule muss, dafür weiß ich keine Lösung. Gut, ich kann für mich allein bleiben, dann sprechen mich keine Mitschüler an. Aber was ist mit den Lehrern? Was sage ich denen? Ich kann sie doch nicht einfach stehen lassen und weglaufen, wenn sie mir Fragen stellen. Ich finde keine Lösung, und es drehen sich so viele Gedanken in meinem Kopf, dass ich keine Ruhe finde und mir im Auto richtig schlecht wird – und plötzlich auch ganz heiß. Bestimmt werde ich wieder krank. Das Gute daran ist, dass ich dann nicht zur Schule muss.

*

Die Wochen nach unserer Rückkehr aus Grafenau sind ein einziges Auf und Ab. Wie aus heiterem Himmel habe ich immer wieder hohes Fieber und fühle mich schlapp und müde. In den letzten Tagen bin ich nicht in der Schule gewesen. Heute ist Sonntag, und ich glaube auch nicht, dass ich morgen schon wieder loskann.

Die meiste Zeit des Tages liege ich unter einer kuscheligen Wolldecke auf dem Sofa im Wohnzimmer, lese, bastle oder sehe fern. Vorgestern war meine Mutter mit mir bei unserem Hausarzt, Dr. Werner, einem sympathischen älteren Mann, und hat anschließend meinen Vater angerufen und ihm alles erzählt. Der Arzt findet nichts, ich sei kerngesund. Meine Eltern sind ratlos.

Papa wollte daraufhin mit mir sprechen und hat gesagt, dass ich schlafen und mich ausruhen solle. Der Sonntag stehe vor der Tür, und er werde mir etwas Schönes zum Spielen mitbringen.

Jetzt ist Papa da und hat mir ein Buch geschenkt und auch schon daraus vorgelesen. Aber irgendwann sind mir die Augen zugefallen, und ich bin weggedöst.

Nun höre ich die beiden sprechen. Sie sitzen in der Küche und unterhalten sich. Obwohl die Tür geschlossen ist, habe ich meinen Namen gehört und bin seitdem hellwach. Ich verstehe jedes Wort und lausche neugierig, was sie über mich sagen.

»Die Kleine ist ungewöhnlich kränklich«, meint meine Mutter, und Papa stimmt ihr sofort zu. »Ja, sie erkältet sich wirklich leicht.«

»Nicht nur das, sie hat auch ständig Infekte und Fieber. Sowie jemand in ihrer Nähe krank ist, fängt sie sich das auch ein.«

»Das ist doch bei Kindern normal«, wirft Papa ein, und ich höre, dass er Bier trinkt.

»Nein, das ist alles andere als normal«, besteht Mama hartnäckig auf ihrer Einschätzung. »Sie fühlt sich viel zu häufig schlapp, friert, mag nicht spielen. Neuerdings klagt sie ständig über Bauchweh. Ich weiß doch von den anderen Kindern in der Schule, dass die viel robuster sind.«

»Robuster? Wie meinst du das?«

»Na, die stehen wie Eichen im Wind, und unsere Veronika ist wie eine dünne Birke.«

»Und woran liegt das?«

»Ich glaube, die ganze Situation setzt ihr zu.«

»Meinst du, sie bekommt etwas davon mit?«, fragt Papa.

»Also, Josef, das fragst du jetzt doch nicht im Ernst …« Mamas Stimme klingt empört. Ich schiebe aufgeregt die Decke zurück und richte mich auf dem Sofa etwas auf. Ich will alles verstehen. Denn es geht ja um mich.

»Sie bekommt alles mit«, meint Mama. »Das arme Mädchen merkt doch jeden Tag, dass ihr ganzes Leben durcheinander ist.

Ich zwinge sie zu lügen. Das steckt doch kein Kind in dem Alter einfach so weg.«

»Lügen? Warum muss sie denn lügen?«

»Ach, Josef, hör doch auf damit. Du weißt genau, was mir der Schulleiter gesagt hat. ›So etwas geht an meiner Schule nicht.‹ Ein Pfarrer, der ein Kind hat, das darf es auch in Irschenberg nicht geben. Weißt du eigentlich, wie ich mich gefühlt habe? Wie ein Flittchen!«

»Ich habe mir den Zölibat nicht ausgedacht!«

»Ja, ja, du machst es dir leicht. Das große Tabuthema der katholischen Kirche schiebst du einfach beiseite. Vergiss nicht, dass es die Veronika gar nicht geben darf. Sie ist quasi ein illegales Kind.«

»Priester dürfen nun mal nicht heiraten und auch keine Kinder bekommen. Das ist ein Kirchengesetz, seit 1139. Sobald ein Priester sein Amt antritt, schwört er, sein Leben nur Gott und seinem Glauben zu widmen, und damit verpflichtet er sich auch zu Ehelosigkeit und Enthaltsamkeit.«

»Die Realität ist aber eine andere. Es leben weltweit Tausende Kinder, die einen Geistlichen zum Vater haben, in Deutschland sind es Hunderte, und das ist nur eine grobe Schätzung. Die meisten Mütter halten das ja geheim, weil ein offener Bruch des Zölibats eine Entscheidung fordert: Kirche oder Frau.«

Papa schweigt.

Aber Mama macht entschlossen weiter.

»Von den vielen Abbrüchen, zu denen Geistliche als Väter die werdenden Mütter zwingen, wollen wir gar nicht reden – und von den vielen Affären auch nicht. Denke doch an deinen eigenen Freundeskreis. Du kennst genug Priester, die heimliche Beziehungen haben, mit Männern und Frauen. Das wisst ihr doch alle, aber es wird nie offen darüber gesprochen. Der Zölibat zwingt die Priester in ein Doppelleben, und die dazugehörigen Frauen und Kinder auch. Er schadet allen!«

»Das kann man auch anders sehen«, meint Papa daraufhin. »Es gibt auch viele Punkte, die für den Zölibat sprechen. Es ist die freiwillig gewählte Lebensform der Ehelosigkeit ›um des Himmelreiches willen‹, von der Jesus Christus spricht. Man folgt ihm nach, verpflichtet sich ganz der Kirche, zeigt damit, dass es nichts mehr braucht als den Glauben, ein besonders spirituelles Leben. Der Zölibat, die bewusste Ehelosigkeit, setzt ein Zeichen. Sie zeigt der Welt, wie die echte, die wahre Liebe aussieht.«

Und er holt noch weiter aus.

»Weißt du, man ist mit Seele und Leib ganz auf Gott ausgerichtet. Mit einer Familie geht das nicht mehr. Man muss Rücksicht nehmen, Verantwortung zeigen und macht sich auch erpressbar. Zudem ist es schwerer, das Armutsideal zu leben.«

»Papperlapapp, damit lockt man euch doch nur. Letztlich dient er der Machtausübung. Je mehr Restriktionen und Vorgaben, desto abhängiger und leichter zu führen ist der ›Angestellte‹, und außerdem dient der Zölibat der Vermögenssicherung. Solange keine Nachkommen existieren, bleibt alles hübsch in der Kirche. Das ist doch prima.«

Papa stöhnt hörbar auf.

»Du siehst das zu einseitig, Gerti.«

»Ach was, ich sehe es ganz richtig, denn ich bekomme die Folgen unmittelbar zu spüren. Übrigens, du hast dich doch auch nicht daran gehalten und willst jetzt nicht zu den Folgen stehen. Darüber, wie ich damit zurechtkomme, will ich gar nicht klagen. Ich war ja dabei und bin in den Augen der Kirche sowieso schuldig. Aber die Kleine, die hat keine Schuld, muss aber trotzdem alles ausbaden. Das macht mich verrückt, und dich scheint es nicht zu stören. Du leierst weiter deine auswendig gelernten Kirchensprüche herunter. Ich kann dir gar nicht sagen, wie leid ich das bin!«

Mama scheint jetzt wütend auf und ab zu gehen.

»Weißt du, Josef, ich habe lange mit unserem gemeinsamen Freund Leo gesprochen, der sich als Mönch viele Gedanken macht. Mit ihm kann man wunderbar diskutieren. Er sieht die Kirche in diesem Punkt sehr kritisch. Er meint, sie versündige sich zum einen an den Vätern, aber noch mehr an den Kindern, und bringt es damit auf den Punkt. Sie werden von der mächtigen Institution der Kirche abgelehnt, sind in der Öffentlichkeit stigmatisiert. Und unter dieser Diskriminierung haben sie ein Leben lang zu leiden. Weißt du was, bei euch geht es immer nur um Verschweigen, Verleugnen, um Lügen. Ich weiß schon, warum ich die Kirche nicht mag. Es ist egal, ob jemand eine Affäre hat. Solange er sich nicht erwischen lässt. Und wenn ein Kind kommt, ist es die riesengroße Katastrophe. Was ist denn das für eine feige Doppelmoral?«

»Ach, Gerti, wir hatten doch keine Affäre. Wir sind doch zusammen.«

»Ja? Sind wir das? Du schleichst dich an zwei Sonntagen im Monat hier ins Haus. Macht das eine Beziehung aus?«

»Das ist doch Quatsch. Wir sind auch oft in München unterwegs, wenn du nach Ebersberg kommst, und wir machen zusammen Ferien. Es war doch schön in Grafenau.«

»Josef!« Mamas Stimme klingt plötzlich drohend.

»Psst«, versucht Papa sie zu beruhigen. »Psst, die Kleine schläft, und sie muss ja von unserem Gespräch nichts mitbekommen.«

»Natürlich nicht, nie soll jemand etwas mitbekommen. Und in München sind wir nur, weil du uns dort nicht so sehr verstecken musst. Es geht doch immer nur um dich und nie um das Kind, geschweige denn um mich.«

»Und was soll ich deiner Ansicht nach machen?« Jetzt hört sich Papas Stimme richtig scharf an. »Hast du eine Idee!«

»Allerdings!«

»Und wie sieht die aus?«

»Du entscheidest dich für die Familie und eierst nicht mehr länger herum!«

»Das sagst du so leicht!«

»Ja, und ich meine es auch so. Wenn du dich entscheidest, hat der ganze Hickhack ein Ende. Wir machen das schon zu lange.«

»Und wovon wollen wir leben? Ich kann nichts anderes.«

»Dann musst du etwas anderes lernen, Josef. Du findest schon eine Arbeit, vielleicht in einer Schule.«

»Das weiß man nicht. Es gibt genug Beispiele von Kollegen, bei denen das nicht geklappt hat. Ich kann nicht einfach sehenden Auges in das soziale Aus laufen. Du sprichst doch immer von Verantwortung. Man übernimmt auch Verantwortung, wenn man seine Existenz sichert, und genau das mache ich.«

Er seufzt. Mama weint. Es ist wie immer.

»Du, das bringt jetzt nichts mehr«, meint mein Vater dann und bemüht sich offenbar, die Stimmung zu beruhigen. »Es ist auch nicht das Thema. Es geht um Veronika.«

Einen Moment lang herrscht Stille in der Küche.

Ich schließe die Augen. Es ist gut, dass die beiden eine Pause machen. Doch es sind nur ein paar Minuten.

»Und wie soll ich der Veronika erklären, dass sie dauerhaft so leben soll? Sie liebt dich und erzählt gern von ihrem Papa, dem tollen Pfarrer Graml. Josef, denk bitte an das Kind.«

Die Stimme meiner Mutter klingt ruhig und sachlich. »Ich

muss ihr ständig erklären, was sie sagen darf und was nicht. Das bringt doch jedes Kind durcheinander. Überleg doch mal, sie ist gerade mal zehn Jahre alt und darf zu ihrem Vater nur ›Papa‹ sagen, wenn niemand dabei ist. Sie fährt mit ihm in den Urlaub, und am Sonntag darauf muss sie in der Kirche schweigend an ihm vorübergehen. Wie soll sie denn damit klarkommen?«

Mein Vater atmet schwer.

»Ja, ich verstehe, was du meinst. Ich spreche mit ihr.«

»Worüber?«, fragt meine Mutter, und ihre Stimme klingt bitter. »Was willst du ihr denn sagen? Dass sie damit klarkommen muss? Etwas anderes kannst du ja nicht sagen. Wenn jemand die Situation ändern könnte, dann du, und du willst es nicht.«

Eine Sekunde herrscht Stille.

»Josef«, fragt meine Mutter dann, »stimmt es denn nicht, was ich sage?«

»Ich spreche mit der Veronika«, meint mein Vater daraufhin ebenfalls eine Spur zu bitter und bleibt Mama die Antwort auf ihre Frage damit schuldig.

Die reagiert ziemlich genervt.

»Eigentlich kannst du es auch lassen. Was willst du ihr denn erklären? Dass du der Vater bist, es aber niemand wissen darf, weil der liebe Gott es nicht erlaubt? Das weiß sie doch längst. Josef, halte dich raus. Das bringt doch alles nichts.«

Ich liege mit klopfendem Herzen auf dem Sofa und erwarte zitternd, was noch alles kommt.

Aber Mamas Stimme klingt plötzlich ganz ruhig, als sie leise weiterspricht: »Weißt du, ich kann versuchen, ihr viel Liebe zu geben, um all das hier durchzustehen. Denn eines ist klar: Das Versteckspiel, die Heimlichtuerei, das ganze Durcheinander, das bringt sie noch viele Jahre, vielleicht sogar lebenslang an ihre Grenzen.«

Sie klingt jetzt ganz ernst.

»Weiß du was, du opferst gerade ein Kind, dein Kind für den ganzen ›heiligen‹ Schein. Fühlst du dich eigentlich wohl dabei?«

Und Mama fügt noch einen Satz an. Mit fester Stimme sagt sie: »Ich weiß nicht, ob Gott das alles wirklich so wollen kann …«

Sie setzt damit den Schlusspunkt.

Aber sie ist sehr verärgert, das bemerke ich an ihrer Stimmlage, und dann höre ich ihre Schritte näher kommen. Sie öffnet die Tür und schaut nach mir, merkt aber zum Glück nicht, dass ich mich nur schlafend stelle.

Nachdem Mama die Tür zum Wohnzimmer vorsichtig wieder geschlossen hat, geht es mit den beiden in der Küche friedlich weiter, oder besser: Sie spielen, was sie meistens machen, einmal mehr heile Welt. Mama erzählt von ihrer Chefin in Irschenberg, und Papa schlägt vor, dass wir unseren Herbsturlaub planen. Mit einem Licht am Horizont will er sie beruhigen. So ist er: Er nimmt immer den für ihn bequemen Weg, und damit geht alles wieder seinen gewohnten Gang.

*

Wir sind mal wieder unterwegs. Dieses Mal ist es kein richtiger Urlaub, sondern wir besuchen in der Nähe des Chiemsees Papas Familie. Sein Vater ist schon lange tot. Er ist bereits gestorben, als mein Papa gerade mal zehn Jahre alt war. Mein Opa war Schaffner, hatte Diabetes und ist während eines Besuchs bei seinen Verwandten in Nordbayern, zu dem er seinen Sohn mitnahm, unerwartet umgefallen und verstorben. Die Familie hat meinen Vater dann einfach wieder in die Bahn gesetzt, und er musste ganz allein nach Hause zurückfahren. Ich stelle mir das schlimm vor. Armer Papa!

Seine Mutter ist ein paar Jahre später dann auch gestorben, und er war in der Folge schon früh ganz allein.

Aber Papa hat zum Glück noch zwei ältere Tanten, Käthe und Lisbeth, die beide Ordensschwestern sind und sich um ihn gekümmert haben. Vermutlich ist mein Vater deshalb auch Priester geworden, zumindest hat er das einmal gesagt. Für die beiden kam kein anderer Berufsweg infrage, und mein Vater war zu jung, zu allein, zu abhängig, um sich anders zu entscheiden.

Die Abhängigkeit ist geblieben. Wenn er bei seinen Tanten ist, geben sie den Ton an. Allerdings nicht immer den richtigen, und so geht meine Mutter den beiden am liebsten aus dem Weg.

Heute wollen wir zu seiner Cousine Marianne. Sie und ihr Mann haben uns zum Kaffee eingeladen. Marianne ist eine tolle Frau, herzlich und fröhlich. Wir waren schon ein paarmal dort zu Besuch, und Marianne drückt mich jedes Mal ganz lieb. Manchmal ist auch Thomas dabei, der Sohn der beiden. Auch mit ihm verstehe ich mich richtig gut, obwohl er mindestens zehn Jahre älter ist als ich.

Papas zweite Cousine, Monika, kommt auch. Auch sie ist eine richtig sympathische Frau, die allein zwei Kinder großzieht. Ich mag sie total gern.

Dummerweise wollen Papas Tanten ebenfalls vorbeikommen, und Mama ist alles andere als begeistert davon. Aber bevor wir die ganze Familie treffen, fahren wir erst noch zu Papas Elternhaus. Es ist vermietet, und Papa nutzt die Zeit, einiges mit dem Mieter zu besprechen.

Später gehen wir im Ort spazieren. Es ist wunderschön hier. Überall gibt es üppig blühende Gärten, und vor den Hauseingängen stehen einladende Bänke. Die Leute nicken uns freundlich zu. Ich fühle mich wohl hier.

»Wollen wir nicht hierherziehen?«, frage ich Papa, als wir noch einen verträumten Weg am See entlanggehen.

Papa schüttelt den Kopf.

»Nein, nein, wir ziehen nach Grafenau. Da ist es doch noch schöner.«

»Aber da gibt es keinen See!«

»Das stimmt, aber das Haus hier ist alt. Ich möchte uns ein schönes, neues kaufen. Du wirst schon sehen. Irgendwann lassen wir es uns in Grafenau gut gehen.«

»Aber das dauert doch noch so lange. ›Irgendwann‹, wann ist das denn?«, maule ich.

»Man muss immer auch Geduld haben, wenn man sich etwas wünscht. Und die Vorfreude ist doch am schönsten.«

Ich bin traurig. Ich möchte keine Vorfreude. Ich möchte jetzt glücklich sein!

Wir gehen an diesem Tag auch noch zur Schule meines Vaters, die er als Kind besucht hat, und ich bin überrascht, wie winzig und alt sie im Gegensatz zu meiner Schule in Irschenberg aussieht. Dann machen wir noch einen Abstecher nach Traunstein, wo Papa aufs Gymnasium ging. Die vielen Ausflüge stimmen meine Mutter milde, und als wir schließlich zu Marianne gehen, ist ihre Stimmung gut, und dementsprechend überschwänglich werden wir auch von Papas Familie begrüßt.

Marianne hat einen wunderschönen Kaffeetisch auf der Terrasse gedeckt, wo wir im strahlenden Sonnenschein den Nachmittag genießen. Es gibt einen leckeren Apfelstrudel, und ich kann zwischendurch immer mit Alex, einem süßen Boxer, im Garten spielen. Monika schenkt mir ein kleines Plüschtier, und ich setze es gleich neben meinen Teller.

Papas Tanten Käthe und Lisbeth kommen erst später, aber sie begrüßen mich wie immer nur knapp. Mama hat mich darauf vorbereitet, dass sie Kinder nicht besonders mögen, und ich lasse mir anmerken, dass ich sie auch nicht mag.

Leider bin ich wieder einmal nicht ganz gesund, bekomme dann auf einmal erneut Fieber, und als Mama ganz besorgt mit Papa bespricht, ob wir nach Hause fahren sollten, kommt Papas Tante Käthe dazu und sieht mich prüfend an.

Ich fühle ihre kalte Hand auf meiner Stirn, und dann nickt sie. »Ja, die Kleine ist wirklich fiebrig.« Sie sieht meine Mutter an, richtig vorwurfsvoll, und meint: »Du musst dich aber auch nicht wundern, Gerti, dass deine Veronika immer krank ist. Das ist die Strafe Gottes.«

»Strafe Gottes?«, Mama erstarrt. Ich kann sehen, wie jede Farbe aus ihrem Gesicht weicht. Kreidebleich sieht sie Käthe an. Dann schnappt sie meine Hand, dreht sich um und geht zum Gartentor.

»Warte«, ruft Papa uns nach, aber meine Mutter wartet nicht. Sie geht schnurstracks hinaus zum Auto.

»Gerti, warte mal«, ruft jetzt auch Marianne und läuft uns nach.

Sie hält Mama am Arm fest. »Nimm es ihr nicht übel, Gerti«, meint sie ganz lieb und streichelt ihr dabei über die Schulter. »Sie hat es nicht anders gelernt.«

Marianne sieht auch mich an, beugt sich zu mir und gibt mir einen Kuss auf die Wange. »Vergiss diesen Unsinn ganz schnell, und werde rasch gesund, meine Süße, hörst du.«

Ich nicke. Sie ist so lieb. Ich mag sie.

Papa ist auch herausgekommen und legt seine Hand auf meine Schulter.

»Wir fahren jetzt«, sagt er leise, und zu Marianne gewandt meint er nur noch: »Danke!«

Aber wir fahren nicht nach Hause, sondern auf einen wunderschönen Spielplatz. Es war Mamas Idee, sie meinte, dass ein wenig Spaß auch gegen Fieber helfe.

Der Spielplatz liegt idyllisch am See. Es ist früher Abend, und auf dem Wasser ziehen zahlreiche Wasservögel ihre Bahnen. Es ist schön, das zu beobachten. Aber dann lockt die üppige Rutsche, und ich laufe hinüber zum Spielplatz. Doch bei aller Freude und Sorglosigkeit bekomme ich mit, dass Mama Tante Käthes Satz mit der »Strafe Gottes« nicht aus dem Kopf bekommt.

Als ich im Park auf der Rutsche spiele und die beiden unten stehen und mich auffangen wollen, fängt sie mehrmals davon an, leise und so, dass ich es nicht hören soll, aber ich habe keine normalen Ohren, ich habe Antennen, und deshalb bekomme ich alles haarklein mit. Auch, dass sie Papa offen erzählt, wie sehr sie das verletzt habe.

»Wie kann sie so etwas sagen?«, fragt sie ihn unvermittelt. Doch Papa nimmt nur ihre Hand und murmelt: »Hör einfach nicht hin. Du weißt doch, wie sie ist.«

Aber Mama schüttelt den Kopf.

»Es ist mir egal, wie sie ist. Das geht nicht. Ich kann so viel Bosheit nicht verzeihen.«

Ich sehe, dass Mama weint. Papa sieht bedrückt zu Boden.

»Ich komme!«, rufe ich schnell, um die beiden aus der quälenden Situation zu befreien, und dann nehme ich etwas Anlauf, setze mich mit mächtigem Schwung auf die Rutsche, und wie geplant erwarten mich am Ende vier liebende Arme, um mich aufzufangen.

Es ist gut. Ich habe Mamas Tränen getrocknet und mache zumindest etwas wieder gut. Denn es belastet mich längst, dass sie so oft wegen mir streiten.

Ich mache allen so viel Ärger.

Kapitel 3

War es ein Kauz? Oder ein Uhu? Oder gar ein seltener Kleiber?

Da! Da ist es wieder! So ein ganz langgestrecktes Uhuut, Uhuut. Eigentlich passt die Uhrzeit nicht. Uhuut, Uhuut. Es klingt ganz nah. Uhuut, Uhuut. So nah, als säße das Tierchen oben im Baumwipfel und riefe nur nach mir.

Schade, dass meine Mutter nicht dabei ist. Sie hätte mir sofort sagen können, um welchen Vogel es sich hier handelt. Sie kennt alle Tiere, weiß, wie sie leben, wo sie sich am liebsten aufhalten und was sie gern essen.

Ich sitze an einen Baum gelehnt, ich glaube, es ist eine Buche, und lausche den Geräuschen des Waldes. Nach der Stimme des Vogels, die jetzt schnell leiser wird, weil das Kerlchen offenbar davonfliegt, höre ich einen Frosch, der nun anscheinend ganz in meiner Nähe durch das frische Grün huscht. Und plopp, verschwindet er in dem kleinen Waldtümpel zu meinen Füßen.

Es raschelt und knistert, riecht ein wenig modrig nach feuchter Erde, nach verrotteten Wurzeln, aber auch nach frischen Blüten und Neubeginn. Es ist der ganz typische Duft des Waldes, und ich erschnuppere ihn wie andere Parfüm. Dabei genieße ich den Blick in das in den unterschiedlichsten Nuancen schillernde Grün, und unter meinen Händen fühle ich saftiges, warmes Moos. Es ist wunderschön hier.

Ich bin seit bestimmt zwei Stunden im Wald, erfreue mich an der quirligen Vielfalt, denn ich habe auch schon Mäuse und

Dachse gesehen und entdecke gerade ein Eichhörnchen, das sich gekonnt zwischen den Ästen entlang zum Wipfel schlängelt. Ab und zu streift mich der milde Sommerwind, und es duftet nach den vielen Gräsern, die jetzt aus jedem Quadratzentimeter des Erdbodens zu sprießen scheinen.

Ich schließe die Augen und horche in diese prächtige Natur hinein. Um mich herum ist friedliche Wohlfühlstimmung, und ich genieße die Stille und das Alleinsein und komme mit jedem Atemzug mehr zur Ruhe.

Hier im Wald gibt es keine neugierig fragende Lehrerin, keinen schimpfenden Vermieter, keine tuschelnden Nachbarn und erst recht keine bösen Tanten. Es gibt nur mich und die Tiere, und ich fühle, wie ich innerlich wieder Kraft schöpfe.

Seitdem Mama damals vor Jahren mit dem Direktor der Schule gesprochen hat, geht es mir nicht mehr gut. Ich bin seitdem erfüllt von Unsicherheit und Angst. Der Satz meiner Mutter: »Du darfst nicht sagen, wer dein Vater ist!«, hat etwas Furchtbares in mir ausgelöst.

Zuvor, als ich noch in den Kindergarten ging, war ich gelöst und unbekümmert. Meine Normalität war zwar immer anders als die anderer Kinder, aber sie hatte nichts Verbotenes. Ich musste mir keine Gedanken darüber machen, was ich sage und was nicht sein darf. Dass mein Vater Priester war, fand ich weder schlimm noch der Verleugnung wert. Im Gegenteil: Ich dachte, es sei etwas Besonderes, einen Priester zum Vater zu haben. Durch die neugierigen Fragen der Leute fühlte ich mich nicht gezeichnet und ausgegrenzt, sondern sie machten mein Leben spannend.

Auch die vielen Blicke im Dorf, das Tuscheln in der Kirche habe ich bemerkt, aber nie als etwas Belastendes empfunden. Es war meine Realität, und ich bin unbekümmert damit umgegangen, habe erzählt, was ich wusste, und war stolz, wenn die Menschen es hören wollten. Zumindest hatte ich diesen Eindruck.

Doch seit dem Gespräch mit dem Direktor ist es plötzlich schlimm. Jetzt lüge, verleugne, verschweige ich und habe immer Angst davor, es meinen Eltern nicht recht zu machen und erwischt zu werden.

»Veronika, du bist scheu geworden …«, sagte mir vor Kurzem eine Nachbarin, und ich musste erst nachdenken, was sie damit meinte. Aber es stimmt. Ich bin wie ein Reh, das sich aus Furcht ängstlich im Dickicht versteckt hält. Und aus einer Angst sind allmählich viele Ängste geworden: Angst, dass man mir wehtut, klar, aber auch Angst, anderen Probleme zu bereiten, Angst, aufzufallen, Angst, Schaden anzurichten. Es liegt an mir, ob Papa Probleme mit der Kirche bekommt, vielleicht nicht mehr arbeiten darf und dann kein Geld mehr verdient. Es liegt an mir, ob Mama und Papa sich streiten, weil jemand gesehen hat, dass ich meinem Vater zu nahe gekommen bin und Mama sich daraufhin über seine ständigen Fluchtreaktionen ärgert.

Und es liegt an mir, wenn Mama wieder zum Direktor muss, weil sich andere über mich beklagen. Ich kann also alles verschulden, unsere kleine Familie in den Abgrund reißen, und diese Verantwortung für unser aller Wohlbefinden, die setzt mir zu, schnürt mir die Kehle zu, macht mich richtig krank.

Seitdem Mama beim Schulleiter war, ist nichts mehr, wie es einmal war. Ich bin seitdem nicht mehr das fröhliche, unbeschwerte Mädchen, das ausgelassen mit Freunden durch den Weiler düst, auf Bäume klettert und Bäche staut, das Steine in den Dorfteich flutscht und sich mit Blumen Kränze für die Haare flicht. Aus meinem Herzen ist jede Art von Leichtigkeit verflogen.

Ich gehe jetzt in die dritte Schulklasse. Im Unterricht sage ich längst nichts mehr, auch nicht, wenn ich etwas weiß. Ich will einfach nicht auffallen, damit sich niemand verleitet fühlt, Fragen zu stellen. Ich möchte am liebsten unsichtbar sein, ziehe mich zunehmend vom Leben zurück und bin am liebsten dort, wo ich keinen Fehler machen kann: in diesem wunderbaren Wald.

*

»Komm doch mit zu uns in den Trachtenverein. Das macht richtig Spaß dort!«

Sarah, ein Mädchen aus meinem Weiler, schwärmt in den höchsten Tönen von den Proben dort, den Tänzen und den schönen Trachten.

»Ich habe einen roten Rock mit einer wunderschönen Spitzenschürze. Den musst du sehen. Der ist superschick«, erzählt sie und zeichnet dabei mit den Händen die Form nach.

Wir sitzen an unserem kleinen Dorfbach, knabbern eine Semmel und beobachten die Enten, die in der milden Herbstsonne ganz entspannt auf dem Wasser ihre Kreise ziehen.

Sarah sieht mich ungeduldig an. »Los, lass uns nachher zusammen dorthin gehen, und du meldest dich dann gleich an, heute noch.«

»Jetzt gleich?«, frage ich unsicher. »Ich weiß nicht, ich muss erst meine Mutter fragen.«

»Dann erledige das schnell! Sie ist doch zu Hause, komm, wir fragen sie.«

Sarah stupst mich an.

Soll ich? Immerhin geht es um den Trachtenverein in Irschenberg. Sarah und fast alle Mädchen, die ich aus dem Kindergarten und der Schule kenne, sind Mitglied dort. Ich wäre schon gern dabei.

»Mensch, das musst du machen, dann gehst du schon beim nächsten Umzug mit, und wir laufen nebeneinanderher. Das wird bestimmt toll.«

»Nehmt ihr überhaupt noch Mädchen?«

»Ja klar, zu uns kann jeder kommen«, versichert sie mir.

In mir rumort es. Auf der einen Seite bin ich gern allein, weil es mir Ärger erspart, aber auf der anderen Seite beneide ich die Kinder, die ein vollgepacktes Freizeitprogramm haben. Sie sind nachmittags alle unterwegs, und der Trachtenverein ist etwas ganz Besonderes. Meine Mutter hat schon einmal versucht, mich dort anzumelden. Aber damals gab es keine Aufnahmemöglichkeit mehr, da die Nachfrage zu groß war.

»Wir können auch die Kosten stemmen«, hat Mama mir damals versichert. Die Mitgliedschaft im Trachtenverein ist nicht teuer, das hat sie herausgefunden, und die Tracht kann Mama mir selbst nähen …

Sarah steht immer noch neben mir und wippt jetzt aufgeregt hin und her. Sie lässt wirklich nicht locker. Ich zögere noch einen Moment, dann nicke ich.

»Also los, warte, ich frage meine Mutter, ob ich darf.«

Und dann renne ich los, die kleine Straße hinauf bis zu unserem Wohnhaus. Ich bin plötzlich ganz schnell, weil ich es nicht abwarten kann, ihre Antwort zu hören.

In meinem Kopf drehen sich die schönsten Bilder. Ich trage diese schöne weinrote Tracht mit den blitzsauberen weißen Kniestrümpfen und dazu glänzende schwarze Schuhe mit einem kleinen Absatz. Ach ja, und ich spiele auf einer Flöte. Ich, die kleine Veronika, werde bei der nächsten Prozession durch die Straßen von Irschenberg gehen.

Ich sehe alles genau vor mir. Vor der Kirche steht dann mein Vater und strahlt mich ganz stolz an. Natürlich sagt er nichts, das darf er ja nicht. Aber er blinzelt mir zu, ganz verschmitzt, und ich blinzle zurück, denn das ist unser Zeichen, mit dem wir uns signalisieren: Ich habe dich lieb!

»Mama, Sarah nimmt mich mit in den Trachtenverein, darf ich? Bitte, bitte sag Ja. Ich möchte so gern mit ihr dahin. Die halbe Klasse macht mit!«

Ich spreche so schnell, dass sich meine Stimme fast überschlägt. Aber ich kann es kaum abwarten, wieder mit Sarah loszuziehen.

»Mama, ich bin dann auch beim Umzug dabei, weißt du, wir kommen an der Kirche vorbei, und Papa wird mich sehen. Es kann auch sein, dass er mitgeht und ganz vorn beim Umzug dabei ist. Das war im letzten Jahr so. Erinnerst du dich, ganz vorn ging der Papa mit, neben dem Pfarrer Weber. Du hast das doch auch gesehen.«

Ich bin so aufgeregt, dass ich mich um die eigene Achse drehe, weil ich nicht weiß, wohin mit meiner Energie.

»Bitte, Mama, lass mich das machen«, bettle ich richtig.

Mama ist ein bisschen überrascht. Sie macht gerade die Bügelwäsche für eine Familie in Hausham und wird von meiner lauten, stürmischen Art richtig überrumpelt.

Aber sie sagt nicht Nein, das ist schon mal gut. Sie wirkt auch nicht ablehnend, im Gegenteil. Sie lächelt. »Ich habe nichts dagegen, Veronika. Wenn du gern dabei sein magst, spricht nichts dagegen. Aber haben sie denn Platz dort für dich?«

»Darf ich sagen, dass du einverstanden bist?«

»Ja klar, mach das!«, sagt sie und stellt das schwere Bügeleisen auf die Ablage, um beide Arme für mich frei zu haben.

»Aber komm erst einmal zu mir, meine Kleine«, meint sie mit der gewohnt warmen Stimme, die ich immer so an ihr liebe.

Sie geht in die Hocke, damit wir auf Augenhöhe sind. Darauf legt sie immer großen Wert. Dann zieht sie mich fest an sich, drückt mich lange und gibt mir einen dicken Kuss auf die Wange.

»Aber hör noch mal kurz zu. Bitte, bitte sei nicht zu sehr enttäuscht, wenn es nicht klappt. Du weißt ja, aufgenommen zu werden ist manchmal nicht leicht.«

Ich weiß, was Mama damit sagen will. Sie hat schon mehrmals versucht, mich irgendwo anzumelden, unter anderem im Kolpingverein und im Heimatverein, aber immer hat es nicht gepasst, und jedes Mal war ich dann mächtig enttäuscht. Mal konnte man sich nur im Sommer anmelden, ein anderes Mal war ich zu jung und auch mal schon zu alt. Irgendetwas passte jedenfalls immer nicht.

»Heute klappt es, Mama, ganz bestimmt, Sarah ist doch dabei.«

»Das wäre schön!«, sagt sie und streichelt mir ganz lieb über den Kopf.

Ich drücke sie noch einmal fest, und dann laufe ich zurück zu Sarah.

Die sieht schon auf die Uhr. »Jetzt aber los«, sagt sie unruhig. »Wir müssen uns sputen.«

Aber wir schaffen es, kommen pünktlich im Trachtenheim an, in dem auch heute wieder die Proben stattfinden. Es sind rund 20 Kinder zwischen 5 und 15 Jahren dabei, und ich kenne viele von ihnen.

Die Leiterin, eine stämmige Frau im Alter meiner Mutter, heißt Rita, und ich habe sie schon bei einem der Umzüge im Dorf gesehen. Sie ist überrascht, als sie mich sieht, aber ich lasse mir meine aufkommende Unruhe nicht anmerken.

»Das ist Veronika«, stellt mich Sarah vor. »Sie möchte bei uns mitmachen.«

»Ich kenne die Veronika«, sagt Rita. »Du bist doch die Kleine von der Egger Gerti, nicht wahr?«

Ich nicke und spüre in dem Moment, dass mein Herz aufgeregt losstolpert. Ich habe in der ganzen Vorfreude das Thema »Vater« vergessen. Hoffentlich fragt sie mich nicht nach ihm, schießt es mir durch den Kopf.

Aber ich habe Glück, sie fragt gar nichts, hat aber auch keine gute Nachricht für mich.

»Das war nicht die klügste Idee, die Veronika einfach mitzubringen«, meint Rita nämlich. »Es wäre besser gewesen, wenn ich erst einmal mit ihrer Mutter gesprochen hätte.«

Ich ahne, was nun kommt.

»Veronika«, meint sie und lächelt dabei freundlich. »Veronika … um in den Trachtenverein zu gehen, brauchst du lange Haare.«

Sie zeigt auf eine Gruppe von sechs Mädchen in meinem Alter, die im Nebenraum dabei sind, einen Tanz einzuüben. Die Tür ist geöffnet, und wir können der fröhlichen Gruppe zusehen.

»Siehst du die sechs Mädels da drüben, die haben alle lange Zöpfe. Das gehört zu einer Tracht dazu, Veronika. Deshalb kannst du leider nicht bei uns mitmachen.«

Ich sehe sie geschockt an. »Lange Haare, ja, aber ich kann sie doch wachsen lassen«, stammle ich und hoffe immer noch, dass man mich jetzt hier nicht einfach wieder wegschickt.

»Aber das dauert doch viel zu lange«, meint Rita da, und für sie scheint die Sache damit erledigt zu sein. Denn sie geht hinüber zu den anderen Mädchen und richtet deren Kostüme. Sie zupft Melanie den Zopf zurecht und zieht Sarah, die schon ihre Tracht angezogen hat, an der Bluse.

Ich nehme meinen ganzen Mut zusammen und laufe Rita

hinterher. »Aber ich kann meine Haare doch wachsen lassen«, wiederhole ich fast schon flehentlich.

Mir kommen die Tränen, und meine Stimme klingt belegt und blechern. Ich habe mich so darauf gefreut, mit anderen Kindern zusammen zu sein und die schönen Kleider auf den Prozessionen tragen zu können. Ostern, Pfingsten, Fronleichnam, es sieht so wunderhübsch aus, wenn die Kinder, begleitet von der Musikkapelle, durch Irschenberg ziehen. Ich möchte das auch, und bis dahin sind auch meine Haare länger.

»Rita, darf ich wirklich nicht mitmachen? Und liegt es wirklich nur an den Haaren?«, frage ich tief erschüttert und habe natürlich den Verdacht, dass es ganz andere Gründe sind, die gegen meine Aufnahme in den Trachtenverein sprechen. Aber man könnte mir doch wenigstens die Wahrheit sagen oder mir eine Chance geben. Ich spreche ja auch ganz bestimmt nicht über meinen Vater.

Doch Rita ändert ihre Meinung nicht mehr. Es kommt auch kein mitfühlender Satz mehr von ihr, nichts.

»Es geht einfach nicht«, sagt sie knapp und lässt mich dann stehen.

Ich wollte noch fragen, ob ich wiederkommen könne, wenn die Haare länger seien. Aber dazu fehlt mir nach Ritas brüsker Reaktion der Mut.

Ich frage nichts mehr, und während mit einem lauten Tusch die Musik beginnt und die Kinder sich aufstellen, um im Takt ihre einstudierten Schritte zu üben, laufe ich weinend hinaus.

Sarah rennt mir nach.

»Warte, Veronika«, meint sie und hält mich am Arm fest. »Die Rita ist komisch, sei nicht traurig. Ich versuche es wieder und frage sie noch einmal, versprochen.«

Ich aber schüttle den Kopf, enttäuscht und verletzt.

»Musst du nicht. Ich will gar nicht mehr«, sage ich kurz und knapp und spüre, dass mir die Tränen über die Wange laufen.

»Veronika, wein doch nicht«, versucht mich Sarah zu trösten und sieht mich hilflos an. Ihre Zuwendung tut mir gut, ganz sicher, aber ich will nur noch weg und lasse sie stehen.

Ich laufe und laufe, so schnell ich kann, und will nur noch nach Hause zurück, in Mamas tröstende Arme.

*

»Ach, Veronika, nimm dir das nicht zu Herzen. Dann machst du eben woanders mit«, versucht Mama mir am Abend den Schmerz wegzureden.

Aber es klappt nicht.

»Ja, wo denn? Wir haben doch alle schon gefragt. Niemand will mich dabeihaben.«

»Das glaube ich nicht. Du kannst so viel. Wir müssen nur erst das wirklich Passende für dich finden«, sagt sie und hält mich ganz fest. Ich spüre ihre Wärme, die mir Halt und tiefe Sicherheit gibt.

Mama ist da, immer, verlässlich. Sie hat keine Termine, die wichtiger sind als ich, und sie sagt nie etwas ab, wenn wir es uns vorgenommen haben. Ich bin so unendlich froh, dass ich sie habe. Aber auch, wenn sie jetzt sagt, ich solle mir das alles nicht so zu Herzen nehmen, klappt es nicht. Es tut weh, so furchtbar weh.

Ich kuschle mich noch fester in ihre Arme. Ab jetzt unternehme ich nichts mehr, um irgendwo in der Dorfgemeinschaft mit dabei zu sein. Ich habe endgültig kapiert, dass es sinnlos ist. Man kann mir noch so viele Ausreden präsentieren, ich glaube es nicht. Meine Haare sind zu kurz, so ein Unsinn, ich weiß, dass man mich nicht dabeihaben will, und ich weiß auch genau, woran das liegt: »Ein Pfarrer darf keine Kinder haben« – der Satz ist mir zu gut bekannt. Also tut das ganze Dorf so, als gäbe es mich nicht. Dann ist die Kirche fein raus. Sie und die tollen Gläubigen möchten nur eins: dass sich die Mama und ich, dass wir uns in Luft auflösen, damit ihre heile Welt erhalten bleibt und auf die Kirche kein schlechtes Licht fällt.

»Nimm dir das nicht zu Herzen«, sagt Mama da wieder und streichelt mir über den Rücken.

Sie meint es gut, wenn sie das sagt. Sie will mir den Schmerz nehmen, ganz klar. Aber das geht nicht mehr. Mein kleines Herz spielt nicht mehr mit, weil es längst gebrochen ist.

Ausgestoßen zu sein hat etwas mit mir gemacht. Ich möchte unsichtbar sein, damit ich den Menschen, die ich liebe, keine Probleme bereite, und die Menschen, die mich ablehnen, nicht belästige. Es wäre für alle besser, wenn es mich nicht geben würde. Dann müsste Papa mich nicht verstecken und Mama nicht Spießrutenlaufen im Dorf. Denn genauso wie ich nirgendwo mitmachen darf, will man sie ja auch nirgends dabeihaben.

»Wir waren mal befreundet …« Ich weiß nicht, wie oft ich diesen Satz schon von meiner Mama gehört habe, wenn wir irgendwo einkaufen waren und uns jemand zugenickt hat.

Auf meine Frage: »Wer war das?«, antwortet sie dann immer mit dem Blick in die Vergangenheit. »Wir waren mal Freunde …«, mit der Betonung auf »waren«.

Heute sind sie es nicht mehr, natürlich nicht, denn die Leute, die früher ihre Freunde waren, wollen nun nichts mehr mit ihr zu tun haben. Ich weiß auch, warum: weil ich da bin und weil ich das Kind eines Priesters bin. Wie viel schöner wäre Mamas Leben, wenn es mich nicht gäbe …

Wenn ich den Mut hätte, Schluss zu machen, würde ich es tun. Aber so bleibt mir wenigstens noch der Wald. Dafür brauche ich keine Eintrittskarte, und es spielt auch keine Rolle, ob meine Haare lang oder kurz sind.

*

»Warum hast du dich bloß auf diesen Mann eingelassen?«, schimpft Oma Karin und rührt verärgert im großen Topf herum, in dem sie seit bestimmt einer Stunde das Essen für uns warm hält.

Es ist Sonntagmittag, und Mama und ich sind bei meiner Oma und warten auf Papa.

Dieses Mal ruft er nicht einmal an, um abzusagen. Nein, er taucht einfach nicht auf. Es ist ihm offensichtlich egal, ob wir warten.

»Komm, Veronika, setz dich!« Oma reißt der Geduldsfaden. »Wir warten nicht länger und essen jetzt.«

Mama scheint es genauso zu sehen. Sie holt die große Gemüseschale aus der Küche und stellt sie eine Spur zu laut auf den Tisch.

»Wir warten seit zwei Stunden. Länger bringt nichts«, meint sie, und ich merke, dass sie versucht, ganz entspannt zu wirken. »Der Papa musste bestimmt wieder zu einem Notfall! …«

»So viele Notfälle gibt es gar nicht«, zischt Oma aus der Küche und schimpft jetzt richtig los. »Ich ärgere mich furchtbar über ihn. Es ist ihm völlig egal, dass ich hier mit dem Mittagessen warte. Mittlerweile ist alles verkocht. Das Gulasch ist bestimmt zäh und das Gemüse längst zu einem Brei zusammengefallen.«

»Es schmeckt bestimmt noch gut«, versucht Mama die Situation aufzulockern und legt mir eine Kartoffel auf den Teller. »Hier, Veronika, koste das mal.«

Sie versucht, so zu tun, als wäre alles gut.

Allerdings erfolglos.

»Darum geht es doch gar nicht«, schimpft Oma weiter. »Man benimmt sich anderen Menschen gegenüber nicht so. Er kann wenigstens anrufen. Sich gar nicht zu melden ist richtig frech. Ich verbringe meinen Sonntag mit Warten, während der feine Herr Pfarrer sich irgendwo herumtreibt. Vermutlich hat er einen etwas zu ausgiebigen Frühschoppen genossen.«

Mama schüttelt energisch den Kopf.

»Mutti, nun lass das aber mal sein. Er kann doch nichts dafür, dass er diese aufreibende Arbeit in der Klinik hat.«

»Aufreibend«, sagt Oma spöttisch. »Na, überarbeiten wird er sich da bestimmt nicht.«

Und während sie unsere Teller füllt, brummelt sie etwas von Verlogenheit und mangelnder Rücksichtnahme.

Man muss wissen, dass meine Großeltern nicht in die Kirche gehen. »Das ist nicht mein Verein«, hat der Opa immer gesagt. Und Oma hat mir schon häufig erklärt, dass sie Atheistin sei und »mit der Kirche und ihren Mitarbeitern« nichts zu tun haben wolle. Bei Papa mache sie nur eine Ausnahme, weil es mich gebe.

»Wenn er so weitermacht, braucht er gar nicht mehr zu kommen ...«, faucht Oma jetzt wieder und scheint innerlich überzukochen.

»Ich möchte gern etwas essen«, sage ich in die aufgewühlte Stimmung hinein und hoffe, dass wir endlich ganz in Ruhe zusammensitzen können. Ich bin hungrig und habe keine Lust mehr, über Papa nachzudenken. Wenn er nicht kommen will, soll er es lassen.

Oma scheint es zum Glück mittlerweile genauso zu sehen.

»Wir genießen unser Sonntagsessen«, sagt sie, plötzlich ganz entspannt, und verspricht nicht zu viel.

Trotz der ständigen Aufwärmerei schmeckt es mir wieder richtig gut. Später gibt es noch frischen Kuchen, und die Stimmung ist sogar wieder ganz fröhlich.

Seitdem mein Opa gestorben ist, freut sich Oma immer sehr auf den gemeinsamen Sonntag mit uns und ist ähnlich enttäuscht wie wir alle, wenn der Papa mit seiner Unzuverlässigkeit alles durcheinanderbringt.

Meine Mutter ist nur so gefasst, weil sie längst keine Tränen mehr hat. Sie ist leer geweint und merkt langsam, was ihr mein Vater alles zumutet. Sie rebelliert nicht mehr und schimpft auch nicht. Sie reagiert auf ihre feine, stille Weise, wenn der Tag, auf den sie sich die ganze Woche so freut, wie eine Seifenblase zerplatzt. Ich glaube, ihr Herz ist müde, und sie will einfach nur noch ihre Ruhe.

Sie nimmt jetzt unter dem Tisch meine Hand, weil sie nicht will, dass ich traurig bin, und ich erwidere den Händedruck, weil ich ebenfalls nicht möchte, dass sie sich grämt.

»Weißt du, der Mann bringt dir wirklich nur Unglück«, meint Oma. »Er ist nie für dich da und lässt es zu, dass man sich im Dorf über dich den Mund zerreißt.«

Mama schüttelt abwehrend den Kopf. »Nicht vor dem Kind«, sagt sie mahnend.

»Ach, das ist doch Quatsch«, widerspricht meine Oma prompt. »Die Veronika ist mittlerweile zehn Jahre alt und bekommt doch sowieso alles mit. Es ist viel sinnvoller, offen darüber zu reden. Ich habe mit der Kirche nichts am Hut und muss nicht heucheln. Ich kann offen über die Fehler sprechen, über alles, was mir bei dem Verein nicht passt. Aber die ach so Gläubigen hier im Ort, die reden nur hinter vorgehaltener Hand, auch über die Egger Gerti.«

»Mutter, nicht vor dem Kind!«, sagt Mama noch einmal mit ungewöhnlich scharfer Stimme.

Aber Oma hat sich in Rage geredet und hört nicht auf. Sie schimpft über die »frömmelnden Weiber«, die sich in der Kirche über andere Leute »das Maul zerreißen«. Und sie holt weiter aus. »Eiskalte, herzlose Leute sind das, die einer Frau die Schuld geben, wenn sie mit dem Pfarrer zusammen ist. Denn es sind ja die Frauen, die dem armen Geistlichen nachsteigen, ihn mit Raffinesse und Durchtriebenheit vom Pfad der Tugend abbringen und ihm damit den ganzen Mist einbrocken. Selber ist der Herr Pfarrer kein Täter. Er ist nur das Opfer einer berechnenden Verführerin. Meine Güte, diese Einstellung kann sich doch niemand mehr antun.«

Sie schüttelt entrüstet den Kopf und streichelt mir zeitgleich aufmunternd über den Rücken. »Aber das macht dich stark, Kindchen. Weil du nicht auf diese Leute hörst, dich nicht von ihnen einschüchtern lässt. Weißt du, meine kleine Veronika, du bist toll, richtig klasse. Ich möchte kein anderes Enkelkind als dich, egal, was diese Kirchenfuzzis denken und sagen. Es ist mir egal. Sei einfach du selbst, widersetze dich, sei stark!«

Stark, so fühle ich mich allerdings nicht. Während ich versuche, mir nichts anmerken zu lassen, und Oma anlächle, zieht sich mein Magen zusammen. Aber ich esse brav, was sie mir hingestellt hat, sogar ganz schnell, damit sie sich freut.

Und sie hat ja so recht mit dem, was sie sagt. »Das ist doch das Kind vom Pfarrer«, haben beim letzten Sonntagsgottesdienst ein paar Frauen getuschelt. Ich habe es genau gehört. Ich bin einfach weiter neben Mama hergelaufen und habe mir nichts anmerken lassen. Allerdings konnte ich aus den Augenwinkeln noch die abfällige Handbewegung erkennen, die eine der Frauen machte.

Ich habe Mama nichts davon erzählt. Sie leidet schon genug. Sie wird im Dorf von den meisten wie eine Aussätzige behandelt, der man nicht zu nahe kommen kann, so, als wäre sie ansteckend.

Die Leute wissen alle, wer mein Vater ist, und tuscheln über uns. Es stimmt, was Oma sagt. Die Leute hier sind wirklich eiskalt und herzlos.

»Hör mal, du isst aber ordentlich in letzter Zeit«, meint Oma jetzt. »Du bist richtig rund geworden.«

Ich nicke, und mein Magen zieht sich noch mehr zusammen.

»Aber das ist gut so, dann hast du etwas entgegenzusetzen, wenn du mal krank wirst. Die Hungerhaken sind ja immer schnell am Ende.«

Sie füllt mir noch ein paar Kartoffeln auf den Teller.

»Iss ruhig, Veronika, dann hast du eine kleine Reserve für den Winter.«

Reserve ist gut, ich habe aber längst einen prall gefüllten Vorratsschrank, denn ich bin nicht nur ein bisschen rund, sondern schon das, was man unter pummelig versteht.

Und ich weiß auch, warum das so ist. Ich esse, weil ich nichts anderes habe, was mir Freude macht. Andere Kinder treffen sich mit Freunden oder sind in den Vereinen. Ich kann das alles nicht. Also esse ich, gern und viel. Zu gern und zu viel.

Aber das Essen tröstet mich. Ich hole mir damit die Streicheleinheiten, die mir mein Umfeld verweigert. Jetzt bin ich eben rund, pummelig, stabil, was auch immer. Es ist mir egal.

»Kann ich noch etwas von dem Gulasch haben«, frage ich Oma, und sie gibt mir gleich noch ein paar besonders große Stückchen. Es schmeckt. Weil es guttut. Es ist doch auch nicht wichtig, wie man aussieht, wenn einen sowieso niemand sehen will.

Das mit den Reserven im Krankheitsfall stimmt übrigens nicht. Mein angefutterter Panzer schützt mich keinesfalls. Denn ich bin nach wie vor ständig krank. Ich fange mir jeden Infekt ein, der grassiert, und wenn es keinen gibt, habe ich irgendetwas anderes. Ich habe Magenschmerzen und Fieber, Kopfschmerzen und Schwindel, eine Erkältung und Husten, Schnupfen oder sonst was. Ich bin ständig beim Arzt und kann häufig nicht zur Schule gehen, weil das Fieber zu hoch ist, der Bauch zu sehr schmerzt und der Magen zu sehr drückt. Besonders schlimm ist meine Atemnot. Ich hatte schon zweimal eine Lungenentzündung, und die Ärzte waren ratlos, woher das kam.

Mama macht sich schon lange Sorgen. Sie telefoniert häufig abends mit meinem Vater, erzählt ihm von meinen vielen Krankheiten und erhofft sich Antworten wegen der Ursache.

»Das Kind ist seelisch krank«, hat sie einmal gesagt, und dann haben sich beide wieder gestritten. Mama hat Wörter wie »rücksichtslos« und »egoistisch« gesagt und irgendwann den Hörer aufgelegt und geweint.

In dieser Nacht habe ich kein Auge zubekommen, weil ich mich so geschämt habe. Ich wusste ja, dass Mama meinetwegen geweint hat. Das tut mir weh, denn ich will ihr keinen Kummer machen. Ich will niemandem Kummer machen, und so komme ich immer häufiger zu der Überzeugung, dass es meine Schuld ist, dass alles so verdammt verfahren ist. Und so werde ich weiter ständig krank und nehme es hin, zumal ich dann zu Hause bleiben kann, wo ich mich, offen gesagt, auch weiterhin am wohlsten fühle …

»Und geizig ist dein Traumprinz auch«, reißt mich Omas Stimme nun aus meinen Gedanken. Sie wettert weiter gegen meinen Vater und nimmt dabei kein Blatt vor den Mund. »Der bekommt doch ganz anständig Geld für seine Arbeit und unterstützt dich garantiert nicht.«

Mama, die die ganze Zeit angespannt in ihrem Essen herumgestochert hat, sieht mit blitzenden Augen hoch und wirkt plötzlich hellwach.

»Das stimmt nicht. Der Josef kauft für uns ein.«

»Ach, das reicht für einen Vater? Er bringt ein paar Eier und Würstchen mit? Gerti, das sind traurige Almosen, mehr nicht.«

Oma atmet schwer und trinkt sich mit einem Schluck Wasser weiter Kraft an.

»Der Josef übernimmt keine Verantwortung, und das ist schäbig, nichts anderes. Und auch wenn du das nicht hören magst, ich schleime nicht um ihn herum, nur weil er der Herr Pfarrer ist. Was wahr ist, muss auch wahr bleiben, auch wenn es in der Kirche nicht gilt.«

»Er zahlt auch, wenn wir gemeinsam zum Essen gehen«, wirft Mama da ein. Es ist deutlich, dass sie Omas Vorwürfe zu entkräften versucht. Leider erfolglos.

»Und was ist mit euren Urlauben? Du hast doch gesagt, dass er dir dafür noch Geld abnimmt.«

»Ja, für uns zahle ich etwas. Aber das ist doch nicht schlimm.«

»Nicht schlimm? Er verdient so viel mehr als du und kann nicht mal einen Urlaub für seine Familie bezahlen? Das ist boshaft, geizig und was auch sonst noch.«

Sie sieht nun Mama direkt an.

»Ich wünschte, du hättest einen ordentlichen Mann und einen liebevollen Vater für dein Kind, einen, den du dir nicht mit Gott teilen musst. Es ist doch klar, dass du gegen diese Konkurrenz nur verlieren kannst.«

»Der Josef braucht eben etwas Zeit.«

»Zeit? Wie lange denn noch? Wie lange willst du denn noch darauf warten, dass er sich für dich entscheidet?«

Sie schüttelt den Kopf und wirkt deutlich genervt.

»Weißt du, du bist erwachsen und musst wissen, was du tust. Aber eines kann ich dir versichern, auch wenn ich keinen Draht zu Josefs liebem Gott habe: Er wird sich niemals zu dir bekennen, da kannst du sicher sein. Jetzt bist du noch jung genug. Trenn dich von ihm, und such dir einen neuen Mann. Der Sohn von den Hubers, du kennst ihn doch, der ist ledig. Der würde zu dir passen.«

Mama sieht sie entrüstet an.

»Ja, ja«, murmelt Oma und tätschelt ihrer Tochter versöhnlich die Hand. »Ich höre jetzt auf. Es ist alles gesagt, ich will keinen Streit mit dir und halte mich künftig raus.«

»Ja bitte«, entgegnet Mama und klingt ziemlich unwirsch. »Ich weiß, was ich tue. Glaub mir.«

Als wir wenig später zurück nach Hause fahren, ist die Stimmung verkrampft. Mama und Oma sind beide froh, Ruhe voreinander zu haben, und auch mir geht es nicht gut. Ich bin enttäuscht über Papas Absage, aber auch aufgewühlt von Omas Sätzen. Ich mag noch nicht in meinem Zimmer sein.

»Ich gehe noch mal hinaus und suche uns ein paar leckere Äpfel. Der Bauer hat es mir erlaubt«, rufe ich Mama zu.

Die nickt. »Ja gern, es ist noch mild draußen. Ich putze derweil die Wohnung. Es ist viel liegen geblieben in der vergangenen Woche.«

Als ich über den Hof Richtung Obstwiese gehe, sauge ich die reine Alpenluft tief ein.

Es tut gut, allein zu sein.

Kapitel 4

»Habe ich dich eingeladen? … Hast du das gehört?!« Meine Mitschülerin Michelle blinzelt mich spöttisch an.

Ich weiß nicht, was ich falsch gemacht habe. Vermutlich stand ich einfach nur in ihrer Nähe. Zur Strafe schubst sie mich mit der Schulter so grob zur Seite, dass ich fast ins Stolpern komme.

Ein paar der Mädels aus meiner Klasse beäugen lustvoll die Szene und lästern bewusst so laut über mich, dass ich genau mitbekomme, was sie über mich denken, über mich, die Fette, das Landei, die Hinterwäldlerin.

Das letzte Jahr auf der Grundschule in Irschenberg ist schon schlimm für mich gewesen. Ich habe mich zunehmend unwohl gefühlt, weil ich nicht mehr wirklich dazugehörte und immer mehr zur Außenseiterin geworden bin. Aber man hat mich nie wirklich angegriffen, sondern »nur« links liegen lassen. Doch jetzt, auf dem Gymnasium in Miesbach, bekomme ich es knüppeldick.

Es war Papas Idee, auf diese Schule zu gehen. Er ist sehr gebildet und wünscht sich das auch für mich. Ihm ist wichtig, dass ich Lateinunterricht bekomme und mich in Geschichte und Literatur auskenne. Ich habe mich anfangs auch gefreut, dass er das Beste für mich wollte, und gehofft, den Makel »Priesterkind« in der neuen Umgebung endlich loszuwerden.

Aber ich scheine nicht nur diesen einen Makel zu haben,

sondern ganz viele. Denn auf der Schule ecke ich wegen allem an. Meine Kleidung, meine Frisur, meine Art zu sprechen, zu gehen, sogar zu weinen, alles war von Anfang an Anlass genug, über mich herzuziehen.

»Miesbach ist für die Promis«, hat Oma einmal gesagt. Ein Satz, der mir bis heute im Gedächtnis geblieben ist. Es klingt einleuchtend. Die Gegend nicht weit vom Tegernsee ist teuer, es leben viele reiche Leute hier, auch viele berühmte, die man aus dem Fernsehen kennt.

So nobel wie die Gegend sind die Schüler und viele auch entsprechend selbstbewusst, oder anders ausgedrückt: furchtbar eingebildet. Ihre Eltern sind bekannte Künstler, erfolgreiche Unternehmer, erfolgreiche Sportler, und alle lassen ihre Erfolge ständig heraushängen, übertreffen sich gegenseitig mit ihrem Lebensstil und zeigen ständig, was sie haben. Die Jungs prahlen mit ihren Fahrrädern und Sportsachen, die Mädchen mit ihrer superschicken Kleidung, den topmodischen Frisuren und dem tollen Make-up, natürlich immer abgeguckt aus der Landeshauptstadt München, wo alle sowieso super »in« sind.

Aber es gibt nur ein Gymnasium in nächster Nähe von Auerschmied, und Papa hat sich nichts dabei gedacht, als er mich hier angemeldet hat.

Doch womit soll ich hier punkten? Ich habe nichts, um damit zu prahlen. Meine Mutter macht bei einer Familie den Haushalt, und über meinen Vater weiß man sowieso alles. Natürlich habe ich deshalb schon »Pfaffenbrut« gehört. Geld macht eben nicht toleranter.

Für meine Mitschüler bin ich nur der peinliche Dorftrampel, zu dick, zu uncool, zu leise, zu langweilig, zu arm, zu wenig spektakulär – und sie denken das nicht nur, sondern sagen es auch und machen sich nicht mal Gedanken, wie das bei mir ankommt und wie ich mich fühle. Sie sind brutal und rücksichtslos und mobben mich, wo immer es geht. Die Mädchen verspotten mich, die Jungs lassen mich links liegen. Ich weiß nicht, was schlimmer ist.

Ich bin mittlerweile 14 Jahre alt und fühle mich nur noch schrecklich, wie ein misshandelter Straßenhund. Die vielen Schläge, in meinem Fall verbale, haben mich noch ängstlicher und unsicherer gemacht. Ich hätte nicht geglaubt, dass das geht.

Schon die Busfahrt nach Miesbach ist für mich der Horror. Niemand will neben mir sitzen, und wenn es der einzige Platz ist, der frei ist, signalisiert man mir deutlich: Ich *muss* mich neben dich setzen! Ich will das nicht! Ich finde dich doof!

Ich schleiche mich morgens mit gesenktem Kopf in den Klassenraum, halte mich die Unterrichtsstunden über ganz zurück und vermeide jede Wortmeldung, damit mich nicht höhnisches Gelächter oder hässliche Kommentare noch mehr verletzen. Ihr »Oh nee« oder »Was soll denn der Schwachsinn«, all die gehässigen Kommentare meiner Mitschüler versetzen mir jedes Mal einen Stich, und ich ertrage es immer weniger, ihnen so hilflos ausgeliefert zu sein.

»Jetzt lasst die Veronika ausreden«, versuchen mir einige der Lehrer manchmal zu helfen, und für einen Moment ist auch Ruhe. Aber was hilft die noble Geste, wenn ich in den Pausen wieder veralbert und verhöhnt werde.

»Mit dem Zeug würde ich nicht mal ins Bett gehen«, sagt Melanie, die Tochter eines bekannten Mediziners. Und Wolfgang, der Sohn eines berühmten Kabarettisten, zieht mich mit meinem Gewicht auf und meint, »die Wurst gehört in die Pelle«.

Es tut alles weh, besonders, wenn man sowieso schon wenig Selbstbewusstsein hat und solange man zurückdenken kann mit Ablehnung zurechtkommen musste.

Also verdrücke ich mich in den Pausen in irgendwelche Ecken, damit man mich am besten gar nicht wahrnimmt und ich möglichst wenig Angriffsfläche für weitere Gemeinheiten biete. Aber auch der Rückzug tut weh. Ich bekomme ja mit, wenn sich alle verabreden, Partys ausmachen und Freizeiten planen, und weiß, dass mich nie jemand fragen wird, ob ich auch mitkommen mag.

Es gibt hier ein fröhliches Schulleben, nur leider ohne mich. Ich bin mal wieder die Außenseiterin, die man nur wahrnimmt, wenn man sich abreagieren möchte.

Natürlich sind nicht alle meine Mitschüler so schrecklich. Es gibt schon einige wenige Mädchen, die nett zu mir sind, und ich habe auch eine Freundin, die Marion. Sie ist zwar groß, schlank und blond, aber auch so eine Außenseiterin wie ich. Vermutlich liegt es an ihrer Akne, unter der sie zu leiden hat und für die sie auch kräftig gehänselt wird, vielleicht aber auch an der ebenfalls nicht superschicken Kleidung. Egal, wir sitzen jedenfalls zusammen und halten zusammen und nehmen uns auch gegenseitig in Schutz, wenn es gar schlimm wird.

Warum sie gerade mich als Freundin will, kann ich mir nicht erklären. Ich bin mittlerweile so gezeichnet vom Dauermobbing, dass ich häufig schon Zweifel habe, ob Marion es überhaupt ehrlich mit mir meint. Manches Mal kommt mir in den Sinn, dass sie sich vielleicht nur mein Vertrauen erschleichen will, um mich am Schluss besonders brutal fertigmachen zu können. Sie könnte sich als »Spion« outen und mir gemeinsam mit all den anderen Mädels ganz gezielt die letzte große Abreibung verpassen. Ich merke daran, wie zerschlagen mein Inneres ist. Ich habe jedes Vertrauen in andere Menschen verloren.

Doch Marion enttäuscht mich nicht. Sie ist nicht nur zugewandt und offen, sondern auch loyal. Aber sie lebt auch in einer ähnlichen Welt wie ich, hat ebenfalls wenig Geld und kann auch nicht viel unternehmen. Wir passen zusammen. Zu uns gehört noch Karin, die auch ein wenig pummelig ist und mit der deshalb ebenfalls niemand etwas zu tun haben möchte. Wir sind offenbar so etwas wie ein »Trio infernale«, aber wir haben uns, das nimmt ein bisschen den Schmerz und lässt uns gemeinsam überleben.

Zu dem ganzen Unglück sind auch meine Noten nicht berauschend. In der Grundschule in Irschenberg habe ich fast immer nur Einsen oder Zweien geschrieben, jetzt, auf dem Gymnasium, rasseln die Noten in den Keller. Zum einen liegt es an der nicht vorhandenen Beteiligung. Ich steuere ja im Unterricht nichts bei. Zum anderen an den schlechten Arbeiten, denn ich habe hohe Fehlzeiten und packe schon längst den Schulstoff nicht mehr.

Alles zusammen droht mich zu erdrücken. Ich fühle mich schon elend, wenn ich überhaupt nur das Wort »Schule« höre. Am liebsten möchte ich dorthin nie mehr zurückkehren.

Klar weiß meine Mutter, dass ich nicht gern zur Schule gehe. Sie sieht ja, wie schlecht ich mich fühle. Ich komme häufig nach Hause und laufe gleich weinend in mein Zimmer. Dann setzt sie sich zu mir auf das Sofa, streichelt mich und versucht, mich zu trösten. Aber wie? Es gibt ja keine Lösung. Wir sind nun mal arm, und mein Vater ist nun mal Priester. Ich kann an beidem nichts ändern, und ein Model wird aus mir wohl auch nicht mehr. Somit werden sich meine Mitschüler nicht ändern. Es gibt keinen Ausweg.

*

»Jetzt habe ich genug von dem ganzen Theater«, schimpft mein Vater mit grollender Stimme und geht aufgebracht im Wohnzimmer auf und ab.

Er ist gerade erst gekommen und richtig außer sich. Mama hat ihm erneut vom Dauermobbing erzählt, und er scheint sich ernsthaft Sorgen zu machen. Ich bin mal wieder krank und liege im Bett. Dieses Mal ist es die Lunge. Der Arzt tippt auf Asthma, allerdings ein stressbedingtes Belastungsasthma. Ich muss jetzt immer einen Spray bei mir tragen, was mich in der Schule noch angreifbarer macht.

Papa schüttelt aufgebracht den Kopf. »Das kann nicht so weitergehen. Da müssen doch die Lehrer eingreifen«, raunzt er mit seiner kräftigen Stimme. »Die können doch nicht die dummen Hühner machen lassen, was sie wollen. Ich gehe jetzt zum Direktor und decke den ganzen Schmu dort auf.«

Ich bin freudig überrascht, dass er sich für mich einsetzen will.

Auch Mama ist beeindruckt und bestätigt ihn: »Das ist eine gute Idee. Es ist prima, wenn du der Kleinen hilfst.«

Aber ich traue dem Ganzen nicht wirklich. Ich weiß nicht, als was er dort letztlich auftaucht. Ob als Vater oder als besorgter, mitfühlender Kirchenmann, der ein Gemeindekind schützen will, beides ist denkbar.

Doch ich will gar nicht mehr weiter darüber nachdenken und mir nicht zu große Hoffnungen machen. Seitdem ich auf der Welt bin, wünsche ich mir einen schützenden Vater, der sich um mich kümmert und die Dinge für mich regelt. Aber davon habe ich immer vergeblich geträumt, es ist nie eingetreten. Ich wage kaum noch daran zu glauben, dass sich mein Vater für mich ins Zeug legen könnte. Ich höre seine Versprechungen und lasse mich überraschen.

Die Antwort bekomme ich eine Woche später am Telefon. Papa hat Wort gehalten und sich mit dem Direktor getroffen.

»Ich habe ihm alles gesagt, was dir widerfahren ist. Er will jetzt mit den Lehrern sprechen und sie auf die unmöglichen Zustände in deiner Klasse hinweisen«, erzählt er mir und verspricht: »Veronika, das wird jetzt besser, ganz sicher.«

Ich reagiere verhalten, murmle nur ein leises »Danke!«.

Natürlich freue ich mich über sein Engagement, aber ich bin innerlich viel zu deprimiert, um allzu große Hoffnung auf ein Ende meiner Torturen zuzulassen. Ich traue mich nicht, daran zu glauben, dass sich etwas ändert.

Zwei Wochen später habe ich die Gewissheit, dass ich damit richtigliege. Bereits am ersten Schultag, nach fast vier Wochen Fehlzeit, ist klar: Alles ist wie immer.

»Es riecht nach Kuh hier«, empfängt mich Iris, ein typisches It-Girl, dessen Vater Moderator ist, und Pina, eine mit dem goldenen Löffel im Mund geborene Tochter eines Autohändlers, steigt sofort darauf ein und schnuppert so aggressiv, dass alle anfangen zu lachen.

Und der Lehrer? Der unternimmt nichts, lässt zu, dass jetzt sogar lautes Muhen zu hören ist.

Der Einsatz meines Vaters verliert sich im Nichts, und das Fünkchen Hoffnung, das sich am Ende doch in mir breitgemacht hat, erlischt sofort, und dieses Mal tut es besonders weh.

Das Fass zum Überlaufen bringt schließlich meine Sympathie für Laurenz, einen Jungen, der wie ich weder reiche noch prominente Eltern hat. Seine Familie besitzt einen kleinen Bauernhof im Voralpenland, und so traue ich mich, ein bisschen Zuneigung ihm gegenüber zuzulassen. Ich bin 15 Jahre alt, er ist 16, und wenn ich ehrlich bin, habe ich mich ein wenig in ihn verknallt.

»Der sieht dich immer an. Merkst du das nicht«, hat Marion mir einmal zugeraunt, als wir draußen auf dem Schulhof standen, und mich damit erst richtig auf seine Fährte gesetzt. Ich habe nach ihm gesehen und wirklich, da hat er mich beobachtet. Eine Aufmerksamkeit, die mich richtig aufgewühlt hat: Es gibt jemanden, der sich für mich interessiert, der mich gut findet, auch als Mädchen, auch, wenn ich etwas pummelig bin und ungeschminkt, ging es mir durch den Kopf.

Die kommenden Tage ging ich dann sogar verhältnismäßig gern zur Schule. Die Vorstellung, von jemandem gemocht zu werden, gefiel mir und verlieh mir winzig kleine Flügel.

Es kostete mich aber noch zu viel Überwindung, mir ein Herz zu nehmen und ihn anzusprechen.

Wieder war es schließlich Marion, die mich dazu ermunterte: »Der ist schüchtern, genau wie du. Einer von euch beiden muss jetzt den Anfang machen …«

Und dann ist es so weit. Wir haben die zweite große Pause, als sie mir zuzwinkert.

»Komm, sieh mal, dein Laurenz steht ganz allein am Getränkeautomaten.«

Ich blinzle möglichst unauffällig zu ihm hinüber.

»Und? Was soll ich tun?«

»Angreifen, genau jetzt«, rät sie mir. »Die Situation ist ideal. Du tust so, als ob du dir etwas zu trinken kaufen möchtest, und nutzt die Nähe, um ihn anzusprechen.«

Marion hat recht. Wenn, dann jetzt, denke ich und mache den ersten Schritt in Richtung Automaten …

Aber nein, es geht nicht, ich traue mich nicht.

Nach einem Schritt nach vorn mache ich zwei zurück.

Da greift Marion ein.

»Los, jetzt geh schon. Du musst es versuchen, trau dich!

Mehr als eine Absage kannst du dir nicht einfangen, und das sind wir doch mittlerweile längst gewohnt.«

Und so steuere ich, mit wackligen Knien und klopfendem Herzen, Richtung Automaten. Laurenz trinkt aus einer Wasserflasche und scheint zu träumen. Von uns? In meinen Gedanken sehe ich uns beide schon Hand in Hand spazieren gehen.

Gespielt lässig krame ich eine Münze aus der Tasche, lächle ihn an. Ich nehme meinen ganzen Mut zusammen und versuche ein Gespräch zu beginnen. Vielleicht finde ich ja nicht den richtigen Ton, vielleicht auch nicht das richtige Thema. Aber ich muss die Gelegenheit nutzen. Wenn ich mit Laurenz zusammenkommen kann, dann jetzt.

»Wie fandst du den Matheunterricht heute?«, platze ich heraus und bin ganz zufrieden mit meinem Tonfall.

Die Antwort, die er mir gibt, werde ich vermutlich mein ganzes Leben lang nicht vergessen. Er will gerade einen weiteren Schluck aus der Flasche nehmen, als er mich mit gehässig blitzenden Augen ansieht und nur knurrt: »Mit dir blöder Kuh will ich nichts zu tun haben!«

Aus. Das war's. Ich spüre noch, dass mir die Tränen kommen, vor lauter Demütigung und innerer Verletztheit.

Kopflos laufe ich an der mich ungläubig anstarrenden Marion vorbei, direkt zur Mädchentoilette. Endlich in der Kabine angekommen schlage ich die Tür hinter mir zu und weine bitterlich, natürlich möglichst lautlos, damit sich niemand auch noch über meine Tränen lustig machen kann.

»Veronika, was ist los?« Marion steht draußen und klackert mit den Fingernägeln vorsichtig an die Toilettentür.

Ich kann nicht antworten, bekomme keinen Satz heraus. Die Tränen laufen mir wie Wasser, und ich kann den Strom nicht stoppen.

»Veronika, der Unterricht geht gleich los. Wir müssen in den Klassenraum.«

Doch auch diesen Hinweis lasse ich unbeantwortet.

Marion fragt noch ein paarmal nach. Dann gibt sie auf. Ich höre ihre Schritte, die sich langsam entfernen. Sie ist fort, auf dem Weg zum Unterricht.

Ich schleiche mich später an diesem Tag dann ins Sekretariat, erzähle etwas von Magenschmerzen und einer Augenentzündung. Die Mitarbeiterin, bei der ich mich entschuldige, fragt zum Glück nicht weiter nach. Ich will nur noch weg.

Am nächsten Morgen bin ich mal wieder krank. Ich habe schlimme Magenkrämpfe und bekomme auch wieder Fieber, richtig hohes, und kann unmöglich zur Schule.

Ich bin froh darüber, denn ich kann nicht mehr. Ich will einfach nicht mehr länger verletzt werden. Lieber bleibe ich für den Rest meines Lebens im Bett.

Meine Seele ist wie eine große Wunde, bei der jede Berührung fürchterlich schmerzt. Zu Hause, in meinem kleinen Zimmer, meinem Schutzraum, kann sie zwar nicht heilen, aber sie tut wenigstens nicht mehr so weh.

Ich weine mich frei, schlafe viel, denke nach. Ich muss etwas ändern, aber ich weiß nicht, was das sein könnte. Und so lange bleibe ich einfach im Bett.

*

Der Zwischenfall mit Laurenz ist mein Tiefpunkt. Ich bin ab da ständig krank, habe Fieber, Magenschmerzen, Durchfall. Mein Körper reagiert auf meine Seele. Beide wollen nicht mehr.

Meine Mutter ist ratlos und über die Maßen besorgt. Sie geht erneut mit mir zu unserem Hausarzt Dr. Werner, der mich und meine Geschichte kennt und – statt mir Medikamente zu verschreiben – auch diesmal lieber versucht, mit mir zu sprechen. Aber ich habe gelernt, niemanden hinter die Kulissen sehen zu lassen, und so laufen seine Versuche mehr oder weniger ins Leere.

Doch Dr. Werner ist hartnäckig und bittet meine Mutter, uns allein zu lassen. Er setzt sich vertraulich auf einen Stuhl neben mir und sucht erneut das Gespräch.

»Sag mal, Veronika, bevor du Fieber bekommst, musst du dich an dem Tag vorher besonders viel ärgern?«

»Ich weiß es nicht«, antworte ich leise und sehe dabei unsicher zu Boden.

»Veronika, das Gesagte bleibt unter uns. Du kannst mir alles anvertrauen. Weißt du, warum ich dich das frage?«

Ich schüttle den Kopf.

»Weil du organisch gesund bist. Es gibt keinen körperlichen Grund, so oft krank zu sein. Deshalb müssen wir uns das große Ganze einmal ansehen. Es wird andere Gründe geben. Kannst du dir einen vorstellen?«

Was soll ich jetzt antworten? Dass es daher kommt, dass ich das Kind eines Pfarrers bin, das allen nur Kummer macht, weil es eigentlich gar nicht auf der Welt sein dürfte?

Ich darf doch nicht darüber sprechen! Ich würde Mama damit das Leben noch schwerer machen und meinem Vater den Job nehmen.

Dadurch, dass ich auf der Welt bin, haben alle nur Probleme, und es geht allen schlecht. Wenn ich jetzt noch rede, mache ich alles nur noch schlimmer.

Soll ich sagen, dass ich mir manchmal, in verzweifelten Momenten, wünsche, tot zu sein?

Am liebsten würde ich Dr. Werner darum bitten, mir Schlaftabletten zu geben, und dann heute Abend den Dauerschmerz, der bei mir Leben heißt, ein für alle Mal beenden. Schluss. Aus. Vorbei.

»Veronika?«

Dr. Werner fasst mir sanft an die Schulter.

»Woran denkst du? Möchtest du mir nichts sagen?«

Ich schüttle erneut den Kopf.

Dr. Werner seufzt ratlos. Dann steht er auf und setzt sich wieder an seinen Arbeitstisch.

»Ja, dann schreibe ich dir eine ganz sanfte Medizin auf, die deinen Magen beruhigt, und auch etwas, das das Fieber senkt. Aber du musst wissen, dass du immer zu mir kommen kannst ...«

Ich sehe ihn dankbar an. Seine Worte tun mir gut. Aber ich bezweifle, dass Sprechen in meinem Fall hilft.

»Kann ich jetzt mit meiner Mutter nach Hause gehen?«, frage ich leise.

Er nickt.

»Und grüß sie schön, Veronika.«

Als ich zur Tür gehe, ruft er noch einmal nach mir.

»Veronika!«

Ich drehe mich um und sehe ihn an.

»Du bist ein tolles Mädchen.«

Jetzt bin ich gerührt. Ich bekomme ein Kompliment von einem Mann, der das nicht sagen müsste.

Ich lächle zaghaft und bin für einen ganz kurzen Augenblick glücklich. Es ist schön, wenn man Anerkennung bekommt, auch so eine klitzekleine.

Als ich an dem Tag mit Mama nach Hause fahre, geht mir viel durch den Kopf. Ich bin krank, aber eigentlich auch nicht. Ich bekomme Fieber, aber es gibt keinen Grund dafür.

Auch wenn alle so tun, als ob sie über die Ursachen rätseln, weiß ich längst, was los ist. Die Ursache all meiner Krankheiten und Beschwerden ist meine massive Angst. Aber wem kann ich das sagen? Und was änderte es? Zumal ich schnurgerade auf das nächste Problem zusteuere: Ich werde wohl die Versetzung nicht packen. Wie soll mein Schulleben als Sitzenbleiberin aussehen? Dann bin ich für alle nicht nur der Prügelknabe, sondern auch noch der saublöde Prügelknabe, und wenn ich die Klasse verlassen muss, bin ich auch meine beiden Freundinnen los.

Ich habe keinerlei Hoffnung mehr, und es geht mir schlecht, ich weine die ganze Fahrt hindurch. Meine Mutter ist so schockiert über meiner Verzweiflung, dass sie nur noch hilflos danebensitzt.

Zu Hause lege ich mich sofort ins Bett und fühle mich, als ob jemand meinen Lebensstecker gezogen hätte. Es ist nicht mehr nur eine Scheu davor, in die Schule zu gehen, nein, ich habe eine richtig tiefe Schulangst entwickelt und kann nicht mal meiner Mutter anvertrauen, wie sehr ich leide.

Nachts habe ich Albträume, höre Beleidigungen und Gelächter. Ich sehe Hände, die nach mir greifen, Füße, die nach mir treten. Ich höre Lehrer, die mich tadeln, und Schüler, die sich über mich lustig machen. Tagsüber fühle ich eine ungeheure Last auf meinen Schultern, so als würde ich schwere Gewichte tragen. Allein auf die Vorstellung, jemals wieder einen Fuß in diese Schule setzen zu müssen, reagiert mein Körper schon mit Atemnot und Verkrampfung.

Aber ich muss mich der Angst stellen und durchhalten. Ich muss mich einfach noch mehr zusammenreißen. Ich muss es tun, für Mama.

Morgen, wenn das Fieber sich gebessert hat, gehe ich wieder zur Schule. Ich kann mehr ertragen, als ich glaube!

*

Es ist so herrlich! Einfach auf dem Weg entlangspazieren, unter den dichten Baumkronen und sich daran erfreuen, dass die Sonne in den Blättern spielt und flirrende Schattenspiele auslöst. Ich sehe leuchtenden Fingerhut und üppige Farne, höre den Specht trommeln und ein Rotkehlchen singen. In der Ferne rauscht ein Bach. Ich atme tief ein, und mir geht das Herz ganz weit auf. Ich sehe und lausche, mit Haut und Haar, und muss mich kneifen, um zu verstehen, dass so viel Schönheit echt sein kann.

Meine Eltern und ich, wir wandern durch ein wunderschönes Waldstück und später über herrliche Alpenwiesen, um zu einer schmucken Holzhütte zu kommen, auf der wir heute den Tag verbringen wollen. Die Hütte liegt malerisch auf einer Anhöhe und eröffnet einen herrlichen Blick.

Ich setze mich auf die kleine Holzbank davor und sehe ins Tal hinab. Die Luft riecht blitzsauber, und am Horizont blinken die Alpengipfel. Die Kuhglocken spielen ihre sanfte Melodie, und ich fühle mich wohlig und warm. Mama hat einen selbst gemachten Obazdn mitgebracht und bereitet in der Hütte Kaffee und Saft für mich vor. Papa ist dabei, die Fensterläden zu öffnen und die Kissen herauszubringen.

Es ist wunderschön hier. Angeblich war ich als Kleinkind schon mehrfach hier oben, kann mich aber überhaupt nicht daran erinnern. Ich weiß nur von meiner Mutter, dass Papa seit vielen Jahren diese Hütte von einem Bauern gemietet hat und häufig mit Freunden, aber auch Jugendlichen aus der Gemeinde hier ist.

Sie ist auch nicht weit von dem Hotel entfernt, in dem Mama einmal gearbeitet hat, und so konnte sie ihn, zumindest früher, häufig hier besuchen. Für ein Paar, das sich nicht öffentlich sehen lassen konnte, war das bestimmt ideal. Mama konnte vom Hotel aus die Hütte gut zu Fuß erreichen, und niemand musste mitbekommen, wohin sie unterwegs war. Es war ihr Liebesnest.

Warum wir als Familie in all den Jahren so selten hier gewesen sind, hat sie mir erst heute früh erklärt. »Papa nutzt die Hütte für seinen Job. Das hat mit unserer Familie nichts zu tun.«

»Und die Freunde? Gehören die auch zum Job?«, wollte ich wissen, aber Mama blieb mir die Antwort schuldig. Ich kann mir denken, warum. Sie weiß genau, dass er uns hier eigentlich nicht haben will. Das Risiko, mit seiner Familie gesehen zu werden, ist ihm viel zu groß.

Warum wir heute zu dritt hier sind, verstehe ich wenig später aber auch. Denn Mama packt die Putzsachen aus. »Ich schaffe noch Ordnung«, sagt sie, nachdem wir den Tisch abgeräumt haben.

Meine Mutter darf also nur zum Arbeiten kommen? Ich bin geschockt. Ich bin richtig sauer über diese Kaltschnäuzigkeit, und zum ersten Mal sage ich das meinem Vater auch.

»Findest du das in Ordnung, dass du Mama für dich putzen lässt?«

Ich weiß genau, dass meinem Vater diese Frage nicht gefällt, und bin auch darauf vorbereitet, dass er vielleicht ausrastet. Papa wird schnell laut, wenn ihm etwas nicht passt. Damit würgt er alle kritischen Fragen ab. Er brüllt los und geht. Ich kenne das – und genauso ist es jetzt auch.

»Was ist denn dabei, wenn sie mir hilft«, donnert er und springt dabei auf, um hinter die Hütte zu rennen und Holz zu schichten. Mama steht mit dem Putzeimer in der Hand in der Tür und schüttelt mäßigend den Kopf.

»Veronika, lass doch. Wenn wir endlich mal wieder ein paar Stunden zusammen sind, wollen wir doch keinen Ärger.«

Ich verdrehe die Augen. Das ist immer ihr Lieblingssatz, wenn es ungemütlich wird: »Wir wollen keinen Ärger!«

Ich will auch keinen Ärger, aber Antworten. Warum bekennt er sich nicht zu uns? Warum müssen wir uns ständig wegducken? Warum gibt es uns als Familie nur heimlich? Er könnte es doch ändern, wenn er es nur wollte!

Es gleicht einem Wunder, dass Papa bei diesen Gedanken plötzlich vor mir steht und sich sogar zu uns setzt. Ob er mir jetzt die Antwort gibt?

»Sag mal, wenn die Mama nicht aufräumen mag, dann lass uns doch auf die Bodenschneid wandern. Die Luft ist so klar heute, und die Temperaturen sind ideal. Lass uns den Tag nutzen.«

Ich sehe ihn an und fühle mich bestätigt. Diese Sätze sind so typisch für ihn. Er macht wieder auf heile Welt. »Komm, Kind, wir gehen wandern« – und was ich eigentlich von ihm will, wird nicht erwähnt und spielt keine Rolle mehr. So ist mein Vater. Er umschifft einfach Konflikte. Ich kenne ihn nicht anders. Entweder er bekommt einen cholerischen Ausbruch oder er zuckt mit den Schultern und murmelt: »Ja, mei ...« Ein ernstes Gespräch über Probleme gibt es mit ihm nicht und Antworten erst recht nicht.

Also wandern wir an diesem Tag mal wieder als wunderbare Vorzeigefamilie, natürlich mit etwas Abstand zwischen uns. Denn Papa muss im Notfall – und der tritt ein, wenn uns jemand entgegenkommt – ganz schnell demonstrieren können, dass er mit der Frau und ihrem Bankert um Himmels willen nichts zu tun hat.

Aber das bekümmert ihn nicht. Er summt Wanderlieder, zeigt mir Blumen und genießt den Sonnenschein. Wie Mama und ich uns fühlen, das spielt für ihn ganz offensichtlich keine Rolle. Er nimmt sich von allem nur das Sahnehäubchen. Heute ist es sein »Family Light«-Programm. Die Pflichten, die Finanzen, die Rackerei, die lässt er Mama.

*

»Hier, Veronika, hier wohnt der Papst. Es ist jedes Mal ein wunderschönes Bild«, schwärmt Papa, und ich sehe gebannt auf das große Gebäude, das im warmen Sonnenlicht unwirklich schön erscheint.

Wir sind in Rom, genauer: auf dem Petersplatz, und ich sauge jedes Detail auf, um es ja nicht zu vergessen. Es ist ein ergreifendes Gefühl, dem Papst so nah zu sein.

Wir sind auf einer Kirchenreise eine Woche in Papas Lieblingsstadt. Heute haben wir schon den Petersdom besichtigt und das Vatikanmuseum, waren aber auch Pizza und Eis essen. Ich durfte Münzen in die Brunnen werfen und mir etwas wünschen und habe viele Geistliche gesehen, die in ihren langen schwarzen Gewändern durch die Gassen rund um die Vatikanstadt eilen. Es ist eine fesselnde Atmosphäre, und ich bin froh, dass wir mal wieder statt nach Grafenau nach Rom gefahren sind. Wir sind schon zum dritten Mal hier und genießen die Eindrücke jedes Mal aufs Neue.

»Heute machen wir aber endlich mal die große Tour im Kolosseum. Das haben wir bislang nie geschafft. Es wird euch gefallen«, verspricht Papa, und wir schlendern zu dritt durch die kleinen Straßen der Stadt, gehen in die Geschäfte, kaufen eine Postkarte, die wir der Oma schreiben wollen, und planen, was wir noch alles unternehmen wollen.

Später sitzen wir in einer Eisdiele, erfreuen uns an der Sonne und bestaunen die vielen Leute aus der ganzen Welt, die jetzt im Frühling die Stadt fast überrennen.

Ich genieße mein Eis, erzähle, was ich auf die Karte schreiben möchte, und plötzlich passiert es: Papa ist weg! Seine Kaffeetasse steht noch unangetastet auf dem Tischchen in der Sonne, doch sein Stuhl ist leer.

»Wo ist Papa?«, frage ich laut und ziemlich genervt.

»Papa, welcher Papa? Du bist ja süß«, sagt meine Mutter und lächelt verlegen.

Gespielt freundlich winkt sie einem Mann auf der gegenüberliegenden Straßenseite zu, der in einer Reisegruppe unterwegs ist und direkt auf uns zusteuert.

»Kennst du ihn?«, frage ich.

»Ja, das ist Hans, er kommt aus Irschenberg. So ein Zufall aber auch. Das kann man kaum glauben.«

»Und wir treffen ihn in Rom?«

»Ja, das ist lustig, nicht wahr?«

»Ihr seid aus der Heimat, wie schön. Jetzt treffe ich die Gerti ausgerechnet in der Heiligen Stadt …«

Hans nimmt uns beide in den Arm und scheint sich ehrlich zu freuen. Aber es bleibt bei der schnellen Begrüßung.

»Ich muss leider wieder los. Unser Bus fährt gleich nach Pompeji. Sonst hätte ich euch beiden Mädels jetzt zum Eis eingeladen.«

»Das holen wir in der Heimat nach«, sagt Mama kess und wünscht ihm eine schöne Tour.

Als Hans wieder zurück zu seiner Gruppe läuft, fühlt sich Mama sichtbar wohler.

»Der Papa spielt wieder Verstecken. Wohin hat er sich denn dieses Mal verkrümelt?«, frage ich spöttisch.

»Der kommt gleich wieder. Du weißt doch, dass er nicht von Leuten aus der Gemeinde gesehen werden darf.«

»Ja, ja, ist schon klar. Das ist wahrlich nicht neu.«

Ich bin jetzt richtig angefressen. Mein ganzes Leben lang mache ich dieses Theater schon mit. Langsam reicht es mir. Egal, wo auf der Welt wir sind, immer kommt es zu der Situation, dass sich mein Vater verstecken muss. Auf jeder Reise hat er entweder jemanden aus der Gemeinde entdeckt oder irgendeinen Kirchenvertreter, den er angeblich kennt. Vielleicht bildet er sich das alles aber auch nur ein. Mein Vater fühlt sich verfolgt und sieht sich immer auf der Flucht.

»Hier, seht mal, ich habe dir ein paar Souvenirs gekauft, damit du eine Erinnerung an die schönen Tage hast.« Papa ist gerade aufgetaucht und setzt sich wieder zu uns an den Tisch. So, als wäre nichts gewesen, zeigt er mir Miniaturen, die er gerade gekauft hat. Es sind alles Sehenswürdigkeiten der Stadt. Ich finde sie wunderschön und bestaune sie ehrlich. Er trinkt seinen Kaffee, wirkt aber nicht entspannt. Papa glaubt, immer wachsam sein zu müssen. Mittlerweile tut er mir fast leid.

Kapitel 5

»Was ist das denn?« Gerade klingelte der Wecker, und ich habe mir schlaftrunken erst ins Gesicht und dann über den Kopf gefasst. Jetzt halte ich ein ganzes Büschel Haare in der Hand.

Ungläubig starre ich auf meine kurzen dunkelbraunen Locken, die langsam zwischen den Fingern auf die Bettdecke rieseln. Mein Herz pocht. Mein Hals zieht sich zusammen. Was passiert mit mir?

Hellwach richte ich mich auf und entdecke auf dem Kopfkissen noch jede Menge weiterer Haare. Mit einem Satz springe ich aus dem Bett, rase ins Bad und stelle mich vor den Spiegel. Ich schüttle meinen Kopf, greife mir panisch durch die Haare und sehe es förmlich rieseln. Meine Locken fallen wie Schnee von meinem Kopf.

Ich hole mir einen Handspiegel und versuche zu erkennen, wie es an meinem Hinterkopf aussieht. Und wirklich, ich entdecke kreisrunde kahle Stellen, erst hinten, dann am Oberkopf und bei näherem Begutachten schließlich auch am Haaransatz oberhalb der Stirn.

»Mama, Mama, komm schnell, das musst du sehen, schnell, bitte«, schreie ich völlig außer mir und renne in die Küche, in der meine Mutter gerade das Frühstück zubereitet.

An ihrem irritierten Blick erkenne ich, dass ihr sofort aufgefallen ist, was mich so aufbringt.

»Veronika, was ist mit deinen Haaren«, fragt sie überrascht, streicht mir als Erstes prüfend über den Kopf und ertastet sofort eine kahle Stelle an der Seite.

»Sie fallen aus, Mama. Ich habe keine Haare mehr. Mama, siehst du das«, rufe ich mit immer schriller werdender Stimme.

»Veronika, nun bleib mal ruhig und lass mich das ansehen«, versucht sie, mich aus der Panik zu holen. »Wir gucken jetzt erst einmal zusammen, und dann gehen wir zu Dr. Werner. Er wird dir etwas geben, und die Haare wachsen schnell nach. Du wirst sehen!«

»Mama!«, rufe ich aufgebracht. »Wie soll ich denn so zur Schule gehen? Da lachen sie doch noch mehr. Bevor ich jetzt mit einer Glatze in der Schule sitze, mache ich Schluss, Mama. Ich kann nicht mehr, nein, ich kann und will nicht mehr.«

Ich habe Angst, furchtbare Angst. Natürlich, weil ich nicht weiß, was das alles bedeutet, aber noch mehr vor den gnadenlosen Attacken meiner Mitschüler. Sie werden mich nicht schonen, nein, damit darf ich gar nicht rechnen. Sie werden mich noch schlimmer angreifen und zum Gespött machen als jetzt schon, wenn ich mit kahlem Kopf oder sogar einer Perücke oder einem schlecht sitzenden Kopftuch auftauche, und die Angst davor ist so groß, dass ich nun sogar zu zittern beginne.

»Ich gehe nicht in die Schule, nein, auf keinen Fall«, stammle ich verzweifelt und sacke schluchzend auf den Küchenstuhl, verberge mein Gesicht in beiden Händen und weine bitterlich.

Ich spüre Mamas tröstende Hand auf meinem Arm, höre ihre warme Stimme und werfe mich in ihre Arme. Ich fühle mich am Ende einer Sackgasse und weiß keinen Ausweg. Es gibt keinerlei Hoffnung mehr. Ich gebe mich auf.

»Kind, da gibt es doch Hilfe. Es wird alles gut«, flüstert mir Mama leise ins Ohr. Aber ihre Worte erreichen mich nicht. Hinter meinem Tränenschleier sehe ich die feixenden Gesichter meiner Mitschüler vor mir, höre ihre gehässigen Kommentare von »hässliche Kuh« bis zu »Glatzenmädchen«.

In meinem Kopf tanzen die Bilder dazu. Ich schüttle den Kopf, murmle nein, nein, nein und weiß, dass ich nie wieder in die Schule gehen werde.

Noch an dem Morgen telefoniert meine Mutter mit dem Sekretariat und meldet mich krank. Ich bin erleichtert, aber auch erschöpft und lege mich weinend wieder ins Bett. In der Hand halte ich eine Locke, die ich mir gerade vom Kopf gezupft habe. Es ging ganz leicht. Ich kann gar nicht sagen, wie verzweifelt ich bin.

*

Wir sind im Krankenhaus in München. Mama hat Dr. Werner erzählt, was passiert ist, und der hat uns umgehend hierhergeschickt.

Die Ärztin, eine sympathische Frau im Alter meiner Mutter, nimmt sich ungewöhnlich viel Zeit für mich. Nun hat sie alle Untersuchungsergebnisse vor sich liegen, sitzt mit meiner Mutter und mir in einem kleinen Besprechungseckchen und sieht mich freundlich an.

»Ja, dann sprechen wir mal in Ruhe darüber, was los ist. Veronika, das, was du hast, nennt man kreisrunden Haarausfall.«

Sie hält uns Fotos von einem betroffenen Patienten hin.

»Siehst du«, meint sie zu mir, »bei einem kreisrunden Haarausfall entstehen solche runden oder ovalen kahlen Stellen, die scharf begrenzt und häufig auch entzündet sind und sich vergrößern und auch vermehren können.«

Ich fasse instinktiv an meine kahlen Stellen am Hinterkopf und bekomme richtig Angst.

»Das heißt, ich kann eine Glatze bekommen?«

»Ja, möglich ist das, aber sehr, sehr unwahrscheinlich. Du bist ja jetzt hier, und wir können dir helfen.«

Mein Herz poltert vor Anspannung.

»Aber woran liegt das denn? Sie lebt doch gesund?«, wirft meine Mutter sehr beunruhigt ein.

»Kreisrunder Haarausfall ist eine Autoimmunerkrankung, das heißt, die körpereigenen Abwehrmechanismen gehen auf die Zellen der Haarwurzeln los. Das Ergebnis ist sichtbar.«

Sie sieht mich wieder an.

»Veronika, körperlich bist du gesund. Das hat ja auch mein Kollege Dr. Werner schon festgestellt. Er behandelt dich schon lange und kennt deine Geschichte. Aber sieh mal, es muss ja einen Grund geben, warum bei dir das Immunsystem verrücktspielt. In der Regel liegt es an ungewöhnlich starken psychischen Belastungen. Deshalb meine Frage: Was ist es bei dir?«

Genau diese Frage hat mir Dr. Werner schon wiederholt gestellt, und ich habe stets geschwiegen. Soll ich jetzt anders darauf reagieren?

Nein! Ich sage nichts. Ich darf ja nichts sagen!

»Sie wird in der Schule furchtbar gemobbt!«, springt meine Mutter mir zur Seite.

Die Ärztin nickt.

»So etwas habe ich mir schon gedacht. Auch die anderen Symptome, deretwegen du in den letzten Jahren bei Dr. Werner in Behandlung warst, sprechen für so einen Auslöser. Du bist ja organisch gesund, Veronika.«

»Ja, sie hänseln sie, grenzen sie aus, behandeln sie sehr schlecht. Und, ach, Frau Doktor … Sie können es nicht wissen, aber wir haben auch familiäre Schwierigkeiten …«

»Ich weiß, Dr. Werner hat mich über einige Details informiert. Besonders empfänglich für kreisrunden Haarausfall sind Menschen, die keine Lösung, keinen Ausweg für ihre Schwierigkeiten sehen. Sie fühlen sich in einer ausweglosen Lage, empfinden sich als ausgeliefert und in die Ecke gedrängt. Wenn es in ihren Augen keinen Fluchtweg mehr gibt, keine Chance auf Besserung, springt das Immunsystem über.«

»Genauso ist es«, meint meine Mutter. »Wir wissen wirklich keinen Ausweg mehr. Die Veronika muss doch zur Schule, aber sie geht dort zugrunde. Wechseln können wir nicht, es gibt kein zweites Gymnasium in der Nähe, und ihr Vater möchte unbedingt, dass sie das Abitur macht. Sie kann ihn jetzt nicht enttäuschen.«

»Schuldgefühle verstärken die Situation übrigens noch«, meint die Ärztin und wird noch konkreter.

»Bei Kindern, die sich einreden, an ihrer Situation auch noch selbst schuld zu sein, verstärkt sich das Krankheitsbild.«

Mama schüttelt den Kopf.

»Veronika kann nichts dafür. Die hat doch nichts gemacht.«

»Das ist richtig, aber entscheidend ist, was sie denkt …«

»Ich weiß, die Veronika glaubt doch ohnehin schon, für das Unglück der ganzen Familie verantwortlich zu sein, und dann gelingt ihr die Schule auch nicht problemlos. Das ist dann wirklich zu viel.«

»Allerdings«, pflichtet die Ärztin meiner Mutter bei und sieht mich dann an.

»Veronika, sieh mal, du musst erst dein Problem angehen, das heißt die Psyche in den Griff bekommen, damit sich der Körper wieder entspannen und gesunden kann. Danach beginnen in den meisten Fällen auch die Haare wieder zu wachsen.«

»Kann man sonst nichts machen?«, will ich wissen.

»Doch, ich kann dir jede Menge Salben mitgeben, und die

werden auch helfen, aber solange das wirkliche Problem nicht gelöst ist, werden dir weiter die Haare ausfallen, mal etwas weniger, mal etwas mehr. Du wirst nicht gesund, wenn du das Schulproblem nicht löst.«

Ich nicke, obwohl ich ratlos bin, und möchte so gern einfach nur nach Hause gehen und mich ins Bett legen.

Aber die Ärztin spricht einfach weiter: »Der kreisrunde Haarausfall ist nur das Symptom, der Grund dafür scheint eine massive Schulangst zu sein. Du hast die ganz typischen Anzeichen: Bauchschmerzen, Übelkeit, Durchfall, Kopfschmerzen, Zittern, Schweißausbruch und Fieber.«

»Das stimmt«, bestätigt meine Mutter.

»Wie sieht es mit dem Schlaf aus? Schläfst du gut?«

Ich schüttle den Kopf.

»Nein, es gibt Nächte, da schlafe ich gar nicht. Es dreht sich so viel in meinem Kopf. Auch die Sätze der Mitschüler.«

»Und weil du das alles nicht mehr willst, duckst du dich weg, bist froh, wenn dich niemand anspricht, richtig?«

Ich nicke wieder.

»Hast du eigentlich ein Hobby?«

»Sie darf doch nirgends mitmachen!«, wirft meine Mutter ein. »In jedem Verein haben sie sich andere Ausreden ausgedacht, damit man sie nicht aufnehmen muss. Wenn Sie mit Dr. Werner Kontakt haben, dann wissen Sie ja auch, warum, wegen der ach so feinen Kirche, für die Nächstenliebe so wichtig ist.«

»Lass doch, Mama«, versuche ich, meine Mutter zu beruhigen.

»Was möchtest du denn gern machen?«, fragt mich die Ärztin weiter.

»Ach, nichts, ich bin am liebsten im Wald. Ich kann stundenlang dort sein. Ich liebe es da.«

»Weil du allein bist?«

»Auch, aber besser noch: Weil ich allein in dieser tollen Umgebung bin.«

Ich spreche leise, stockend, bin sogar jetzt unsicher, ob ich das alles überhaupt sagen darf.

Die Ärztin ermuntert mich weiterzusprechen.

»Weißt du, du steckst in einem Teufelskreis. Du bist unsicher und ziehst dich zurück. Die anderen Jugendlichen merken das und hänseln dich. Du fühlst dich nicht gut und meidest die Schule. Das wiederum sorgt dafür, dass du den Unterricht verpasst und schlechte Zensuren bekommst. Bist du aber in der Schule, fällst du durch Schweigen oder Unwissen auf. Das bringt dir dann neuen Spott deiner Mitschüler ein. Und so weiter … Die Abwärtsspirale dreht sich immer schneller und schneller, und du gehst unweigerlich darin unter.«

»Warum hast du das denn nicht gesagt. So genau habe ich das gar nicht verstanden«, meint meine Mutter jetzt.

»Ich glaube, die Veronika wollte Ihnen keinen weiteren Kummer machen«, wirft die Ärztin ein. »Sie schluckt und schluckt, um ihre Mutter zu schützen – und auch den Vater. Auf ihren Schultern liegt die Verantwortung für die ganze Familie. Und gute Noten soll sie auch noch heimbringen, ist doch selbstverständlich. Was soll denn ein junges Mädchen noch alles stemmen? Irgendwann geht das nicht mehr. Ich glaube, dieser Punkt ist erreicht.«

»Und was können wir tun?«

»Wir müssen Veronika aus der Schusslinie nehmen. Sie braucht Ruhe, um aus dem verhängnisvollen Kreislauf auszusteigen.«

»Und wie soll das gehen?«

»Ich schreibe eine Krankmeldung, und sie bleibt zu Hause.

Ich würde auch die Schule wechseln, das scheint dringend nötig. Das Abitur kann sie immer noch machen. Jetzt geht es erst einmal darum, dass sie gesund wird. Sie soll sich erholen und häufiger sagen, was ihr guttut.«

Ich starre in die Luft. Was soll ich denn sagen? Die Wahrheit? Dass ich das ständige Versteckspiel und die Heimlichtuerei nicht mehr aushalte? Dass ich endlich normale Eltern möchte, die mit mir zusammenwohnen, und dass ich nicht mehr lügen will, wenn jemand fragt, wer mein Vater ist.

All das brennt in mir wie Säure und drängt nach außen, aber ich darf es nicht aussprechen, weil ich damit genau dem Menschen wehtue, den ich am meisten liebe: meiner Mutter.

Mein Leben ist, wie es ist. Ich muss nicht sagen, was mir guttut. Es interessiert meinen Vater nicht. Er kann sich nicht vorstellen, dass ich mich deshalb mollig gegessen habe und kaum noch mit Menschen zusammen sein mag. Ich bin doch ein Bankert, und meine Krankheiten sind die »Strafe Gottes«. Aber mein Vater, der beliebte Herr Pfarrer, der will nicht sehen, was er angerichtet hat. Er lässt Mama und mich in dem Hexenkessel des Lebens zurück und macht sich im Rahmen seiner ach so geliebten Arbeit zwischen Klinik und Kapelle ein schönes Leben.

Ich fühle mich wie ein Problemfall, eine Lachfigur und muss wirklich alles ändern. Die geduldige Erklärung der Ärztin hat mir die Zusammenhänge aufgezeigt. Alles ist so folgerichtig. Und folgerichtig ist auch, dass ich jetzt aussteige und etwas ändere!

Ich stehe an einem Wendepunkt, an dem man überlegen muss, was man wirklich will. Untergehen oder sich aufrappeln und ein gutes Leben führen.

Untergehen ist bequem und klingt verlockend. Nie mehr kämpfen, weinen, leiden. Aber unterzugehen ist auch feige. Also bleibt nur das Aufrappeln. Ich darf nicht länger Opfer sein. Daran muss ich arbeiten. Und wenn ich es schon nicht für mich will, dann wenigstens für meine Mutter. Wenn ich schlappmache, hat sie niemanden mehr. Mit meinem Vater kann sie nicht rechnen. Er wird sich um sie kümmern, keine Frage, aber niemals verlässlich.

Im Auto auf dem Heimweg bin ich still und nachdenklich, aber innerlich zum ersten Mal seit Langem auch zu einem Ausweg entschlossen.

»Was steht eigentlich auf dem Rezept?«, frage ich schließlich meine Mutter. Die weist wortlos auf den Umschlag im Handschuhfach.

Und dann lese ich, was mir die Ärztin verschrieben hat. Keine Medikamente, nein, eine Perücke.

Ich bin geschockt.

»Das ist doch nur vorübergehend«, versucht mich meine Mutter zu trösten.

Aber ich fange mich dieses Mal schnell, klappe den Sonnenschutz im Auto herunter und sehe mich im Spiegel an. Mein sorgfältig von Mama zusammengekämmtes Haar deckt die Kopfhaut nicht mehr ab. Ich fahre mir mit den Fingern durch die lichten Locken und versuche, die kahlen Stellen zu ertasten. Doch schon bei der ersten Berührung fallen mir weitere Haarbüschel aus. Ich kann eins und eins zusammenzählen. Da man die Krankheit nicht sofort stoppen kann, werde ich schon bald kein Haar mehr auf dem Kopf haben und diese Perücke dringend brauchen.

Ich werde sie tragen, weil ich weiß, dass es nicht für immer ist und weil ich überzeugt bin, dass ich mich auf dem richtigen Weg befinde.

*

»Niemand sieht, dass du eine Perücke trägst. Du kannst doch damit zur Schule gehen!«

Papa ist da. Angeblich will er wissen, was mit mir los ist. Aber statt zu fragen, wie es mir geht, meckert er gleich los, dass ich erneut den Unterricht ausfallen lasse.

»Wenn du jetzt wieder so lange nicht zur Schule gehst, verpasst du den Anschluss. Das ist doch wohl klar«, knurrt er.

»Es ist mir egal, ich gehe mit der Perücke nicht in die Schule. Ich bleibe hier!«

Mama fasst ihm daraufhin an den Arm und wechselt das Thema.

»Jetzt essen wir erst einmal meinen Kuchen. Kommt und setzt euch.«

Sie hat leckeren Biskuitkuchen gebacken und Kaffee gekocht. Normalerweise esse ich gleich zwei Stück davon, aber heute habe ich keinen Appetit. Ich bin im Kampfmodus.

Seit drei Wochen bin ich jetzt schon zu Hause, und auf meinem Kopf klaffen mittlerweile große kahle Stellen. Die Perücke passt, und ich setze sie auch auf, um in den Wald zu gehen, aber auch, weil ich mich insgesamt wohler damit fühle. Ich kann mich damit wieder im Spiegel betrachten. Das ist ein Erfolg. Ansonsten genieße ich die Ruhe, auch das Trödeln auf dem Sofa.

Bis jetzt bin ich nicht wieder in der Schule gewesen, und ich werde auch nicht mehr dorthin gehen. Seit diesem Entschluss fühle ich mich wesentlich wohler. Auch die sonst fast schon alltäglichen Kopf- und Bauchschmerzen sind schon besser geworden.

Meine Mutter ist allerdings weiterhin in großer Sorge und sucht offenbar Hilfe bei meinem Vater. Doch der hatte bisher, wie immer, keine Zeit und hat sie mit wenigen Sätzen vertröstet.

»Ich melde mich später«, ist sein Lieblingssatz, aber das tut er dann auch nicht.

Dafür stand er heute, es ist Sonntagnachmittag, überraschend vor der Tür. Er wollte mich sehen.

Viel Freude wird er aber nicht mit mir haben. Denn ich habe innerlich einen Schalter umgelegt – und weiß jetzt zwar nicht genau, was ich will, aber doch sehr genau, was ich nicht will: zum Beispiel in diese Schule gehen! Niemals wieder werde ich einen Fuß in dieses Gebäude setzen. Niemals!!

»Das Mädchen braucht Zeit, viel Zeit. Die geben wir ihr«, hat die Ärztin zu uns gesagt, und seitdem ist der Druck raus. Meine Mutter unterstützt ihren Rat und lässt mich in Ruhe.

Aber mein Vater sieht es anders, natürlich.

Ich sitze am Tisch und stochere im Kuchen herum, mein Vater hat mir gegenüber Platz genommen und versucht, mich mit wohlmeinenden Sätzen umzustimmen.

»Die Haare sehen aus wie echt«, meint er. Ich weiß, er will mir etwas Nettes sagen, mir helfen, aus dem Tief zu kommen. Vermutlich haben Mama und Papa das abgesprochen. Aber es reicht nicht mehr.

»Veronika, eine Krankheit vergeht. In ein paar Wochen wachsen deine Haare wieder, und du brauchst auch die Perücke nicht mehr zu tragen.«

Wieder so ein Trostpflaster.

Papa greift nach meiner Hand. Ich ziehe sie weg.

Mir helfen keine gut gemeinten Sprüche mehr. Egal, was er mir heute sagt: Ich betrete diese Schule nicht mehr. Nichts, aber auch wirklich nichts kann mich je wieder dorthin zurückbringen.

Mein Vater sagt noch viel an dem Tag. Dass ich ein nettes Mädchen sei, dass ich nur den ersten Schritt machen müsse, dass alles gut werde und dass er noch einmal mit dem Direktor sprechen wolle.

Ich bin müde, das alles zu hören. Er beruhigt damit sich, aber nicht mich, und als ich am Abend ins Bett gehe, habe ich alles so satt.

Ich ertrage seine Art nicht mehr!

*

Es ist vorbei! Als Mama an diesem Herbstnachmittag nach Hause kommt, hat sie gute Nachrichten für mich: Sie sei heute beim Direktor gewesen, mit einem dicken Stapel meiner Atteste, und habe mich abgemeldet.

Ich bin unendlich erleichtert, dass dieses schlimme Kapitel meines Lebens vorbei ist.

Ich bin mittlerweile 18 Jahre alt und seit einem halben Jahr nicht mehr in der Schule gewesen. Die Liste der ärztlichen Diagnosen ist lang. Ich hatte diverse Infekte, eine Lungen- und eine Magenschleimhautentzündung, Asthma und, und, und.

Dr. Werner aber ist nun nicht mehr ratlos, und meine Mutter auch nicht. Alle wissen, was los ist. Die Abmeldung war der längst überfällige Schritt in ein neues Leben.

Jetzt sitzen wir zusammen in der Küche. Mama hat uns eine leckere Gemüsesuppe gekocht und erzählt mir, dass ihre Abmeldung der Schule mehr als gelegen gekommen sei. Sie hatten offenbar genug von mir und den Problemen, die ich bereitet hätte.

»Es sei besser, wenn du abgingst. So richtig würdest du dort nicht hineinpassen, hat mir der Direktor gesagt.«

»Wie meinte er das?«, frage ich neugierig nach.

»Nun ja, ich denke, weil ich ja nur Putzfrau bin. Und solche Kinder kommen dort nicht gut zurecht.«

Und dann sieht sie mich an, aber nicht traurig oder verzweifelt, nein, fast ein bisschen spöttisch. Ich glaube, so langsam haben wir einen anderen Blick auf das Leben.

Wir waren beide lange Zeit Opfer, aber jetzt haben wir keine Lust mehr darauf.

»Es war die Idee deines Vaters, auf diese Schule zu gehen«, sagt meine Mutter weiterhin. »Er wollte, dass du studierst, so wie er. Aber er hat vergessen, dass ich nicht dazupasse.«

»Ach, Mama, als wenn es das wäre. Die Schule kümmert sich nicht um ihre Schüler, zumindest nicht um die, die ihre Hilfe brauchen. Das ist alles, und der Rest ist nur eine faule Ausrede. Wir sind nicht immer die Seuchenvögel.«

An diesem Abend brauchen wir uns beide, aber ich spüre ganz deutlich, dass es bergauf geht, in klitzekleinen Schritten, doch immerhin.

Wir arbeiten das Vergangene auf. Das ist der richtige Schritt nach vorn.

»Du hast zu viel mit uns durchmachen müssen«, sagt meine Mutter offen, als sie mir später noch die Abmeldungsbestätigung hinlegt. »Dein Vater und ich, wir tun dir nicht gut.«

Neuerdings spricht sie ganz offen darüber, sagt auch, wie tief enttäuscht sie von meinem Vater sei.

Mama hat lange genug gewartet und mittlerweile Abstand gewonnen, genauso wie ich. Sie sieht nichts mehr durch eine rosarote Brille, sondern nimmt meinem Vater übel, dass er uns so hat hängen lassen. Familie? Fehlanzeige! Stattdessen viele Jahre lang nur schöne Sprüche und Vertröstungen. Sie mag nicht mehr.

Und so lecken Mama und ich uns in den kommenden Wochen gemeinsam unsere Wunden. Wir sind viel zusammen, kochen und backen, reden und spielen Karten. Es ist herrlich entspannend und Balsam für meine Seele.

Wenn sie morgens zur Arbeit geht, nutze ich die Zeit für mich. Ich kann sehr gut allein sein und fühle mich nicht einsam. Ich kann das Alleinsein sogar genießen. Es tut mir gut, und ich spüre, dass ich es auch brauche, wenn meine tiefen Wunden verheilen sollen.

Ich telefoniere viel mit Marion, die in den Sommerferien die Schule ebenfalls verlassen will. Sie ist so lieb zu mir, und ich bin froh, sie als Freundin zu haben. Und wenn ich höre, wie der Schulalltag ist, bin ich froh, dass ich in meinen vier Wänden bleiben kann. Ich habe die richtige Entscheidung getroffen.

Wenn mir die Decke auf den Kopf fällt, streife ich durch die Natur, allerdings tunlichst darauf bedacht, dass mich niemand sieht. Ich trage ja diese Perücke und glaube den Versicherungen meines Vaters nicht, dass das niemand bemerke. Im Gegenteil. In meiner Wahrnehmung springt es jedem förmlich ins Auge. Sie verdeckt die kahlen Stellen, und das ist gut, aber ich fühle mich damit gezeichnet, gebrandmarkt, ausgegrenzt. Also verstecke ich mich am liebsten im Dickicht des Waldes.

Seit Wochen ist hier mein zweites Wohnzimmer. Ich kann stundenlang auf einem Baumstamm sitzen und Tiere beobachten. Ich kenne mittlerweile alle Pflanzen, sammle Pilze und Beeren und genieße es, in dieser so heilsamen Umgebung zu sein. Ich nehme alle Farben um mich herum auf, das facettenreiche Grün, die schillernden Brauntöne. Ich erkenne die kleinen Muster in den Baumrinden, die Maserungen der Blätter. Ich nehme jedes noch so kleine Detail in Augenschein und konzentriere mich auf das, was ich sehe, und die quälenden Bilder aus der Schule, die meine Gedanken so oft gefangen nehmen, verschwinden dabei immer mehr.

Ich höre es rascheln, die Vögel zwitschern, der Wind spielt mit den Ästen. Es ist unvergleichlich schön.

Es riecht nach Erde, nach Moos, nach Verwitterung, und es ist ein Geruch, der einzigartig an Leben erinnert.

Ich höre, wie der Waldboden unter meinen Füßen nachgibt, spüre, ob er trocken oder feucht ist, und liebe die feinen Schwingungen, die er beim Laufen auslöst.

Ich laufe Stunde um Stunde, atme, rieche, lausche. Zwischendurch setze ich mich auf einen Baumstamm, breite ein Geschirrtuch aus und genieße eine mitgebrachte Brotzeit, eine Brezen, etwas Käse, einen Apfel zum Nachtisch. In der schützenden Umgebung der dichten Blätter schmeckt jedes Essen besser.

Wenn ich von meiner Waldtour komme, fühle ich mich gut. Die Not ist zumindest für Momente weg und mein Kopf so frei, dass ich die Schmerzen vergesse.

»Aber so kann es nicht dauerhaft weitergehen«, meint meine Mutter allerdings in unregelmäßigen Abständen. »Du brauchst eine Alternative.«

Ich weiß, dass sie recht hat. Ich kann nicht den Rest meines Lebens im Wald zubringen. Es muss sich etwas ändern.

Kapitel 6

»Hier, sieh mal, die Waldbeeren. Meine Güte, sehen die lecker aus!«

Mama steht an einem riesengroßen Walderdbeerenstrauch und winkt mich zu sich herüber.

»Komm mal her, du glaubst es nicht, wie üppig hier die Beeren sprießen.«

Es ist Sonntag, und dieses Mal sind wir zusammen im Wald, genauer gesagt schon seit Stunden auf Beerensuche. Wir haben zwei Körbe dabei, naschen und sammeln abwechselnd. Meine Mutter kennt versteckte Plätze, an denen die Beeren üppig wachsen.

»Wir haben noch die Waldhimbeeren von gestern. Zusammen mit den leckeren Erdbeeren hier können wir heute noch eine tolle Konfitüre daraus machen, was meinst du?«, fällt mir spontan ein.

»Gute Idee«, meint Mama. »Dann haben wir auch wieder ein paar Geschenke für die Nachbarn!«

»Oder du zauberst uns daraus noch einen Beerenwein, der ist auch immer köstlich.«

Gemeinsam machen wir uns an die Arbeit und zupfen mit flinken Fingern die Beeren vom Strauch, erfolgreich darauf bedacht, uns nicht zu piksen.

Ich erinnere mich nicht, wie viel Zeit wir schon gemeinsam in den letzten Wochen im Wald verbracht haben, aber ich weiß, dass mir jede Stunde in dieser wunderbar friedlichen Welt aus sattem Grün, frischer Luft und Tieridylle guttut und mich wieder zu Kräften kommen lässt.

Seitdem die Abmeldung durch ist und ich weiß, dass ich nie wieder in diese Schule muss, fühle ich mich viel, viel besser und genieße die Natur noch intensiver als zuvor. Wenn Mama zur Arbeit geht, packe ich meinen Rucksack und ziehe los. Ich liebe es, stundenlang durch die Stille zu stiefeln und einfach nur ganz bei mir zu sein. Die höhnischen Gesichter meiner Mitschüler verschwimmen, die gehässigen Stimmen meiner Mitmenschen verstummen und machen Platz für das, was das Herz berührt und uns reich macht: das fröhliche Zwitschern einer Amsel und das heimelige Rauschen der Blätter, wenn der Wind durch die Zweige streift. Das sind die Geräusche, die ich liebe und die meine Seele streicheln. Die hässlichen Fratzen und Töne der Menschen will ich nicht mehr in meinem Inneren abspeichern, ich will sie vergessen und für immer verbannen. Ich will gesund und glücklich werden und nicht mehr an das erinnert werden, was mein Leben angeblich so problematisch macht.

Anfangs fühlte ich mich äußerlich und innerlich noch wie »gestaucht« – zusammengestaucht – und bin vermutlich mehr durch die Landschaft geschlichen als gewandert, habe viel Zeit kraftlos auf Baumstämmen gesessen und traurig Löcher in die Luft gestarrt. Aber seit einiger Zeit ist mir leichter und beschwingter zumute.

Mit jedem Tag, den ich nicht zur Schule muss, wird meine Stimmung heiterer, und ich suche mir ganz bewusst Dinge aus, die mir Freude machen, mich entspannen. Ich lege mich manchmal auf den Waldboden und sehe in den Himmel. Ich beobachte, wie die Sonne zwischen den Blättern hervorblitzt, und versuche, die Wolken zu erkennen, die der Wind hoch über mir vorüberschiebt.

Es gibt auch Stunden, in denen ich meine Füße in kleine Waldbäche tauche und beim Herausziehen beobachte, wie die Wassertropfen von meiner Haut abperlen. Ich zähle Ameisen und beobachte den Wettlauf von Käfern.

Zu Hause schmökere ich in meinen vielen Büchern, lese mir ein rundum üppiges Wissen über den Wald an und über alles, was darin wächst und gedeiht.

Wenn ich mit meiner Mutter unterwegs bin, teilen wir unser Wissen. Es geht um Pflanzen- und Tierkunde. Jeder sagt, was er weiß, und wir diskutieren teils lebhaft darüber. Wir gehen entspannt nebeneinanderher und tauschen uns über alles aus, was uns bewegt. Mama und ich, wir sind uns sowieso schon nah, aber im Wald sind wir ein Dreamteam, und es kommen auch Themen auf den Tisch, die ansonsten zwischen uns kaum eine Rolle spielen.

An diesem Tag geht unser Gespräch ganz tief, denn Mama erzählt mir nach unserem richtig großen Beerenpflückabenteuer, wie sehr sie unter ihrer Situation leide. Sie spricht ungewohnt offen, und ich erfahre, was es wirklich ausmacht und wie es das Leben verändert, wenn man sich auf einen Pfarrer einlässt. Und da ich mittlerweile kein Kind mehr bin, sondern mit 19 Jahren schon erwachsen, lässt sie mich endlich hinter die Kulissen blicken, ganz ohne Filter.

Es geht ihr nicht mehr darum, meinen Vater immer nur positiv erscheinen zu lassen. Das hat sie jahrelang gemacht. Ich sollte einen guten Eindruck von ihm haben, darauf hat sie immer großen Wert gelegt. Jede Enttäuschung, jeden Schmerz hat sie einfach weggeknipst, damit mein Vaterbild keinen Schaden nimmt.

Aber das wurde in den letzten fünf, sechs Jahren weniger.

Mama hat offenbar keine Lust mehr, seine brüchige Fassade zu kitten. Das kam in der letzten Zeit deutlich herüber. Ich wurde in ihren Augen reif genug für die Wahrheit, und heute packt sie richtig aus.

»Weißt du, als ich mich auf deinen Vater einließ, habe ich wirklich Liebe gesucht. Ich wollte echte Zugehörigkeit und war so naiv, dass ich genau das bei deinem Vater gesehen habe.«

Mama geht vor mir her und bahnt sich den Weg über einen kleinen Trampelpfad, vorbei an Gräsern und Brennnesseln. Ab und zu stupst sie Pflanzen zur Seite, damit sie mir nicht im Weg stehen und ich es leichter habe.

»Wieso zum ersten Mal? Du hattest doch deine Eltern«, hake ich ein.

Mama bleibt kurz stehen und atmet überrascht tief ein, bevor sie weitergeht und auch weitererzählt.

»Weißt du, es gibt unterschiedliche Eltern, und nicht alle Kinder lernen Liebe kennen.«

Ich stutze und höre heraus, dass sie mir nicht alles über meine Großeltern sagen will. Besonders nicht über meine Oma, die erst vor Kurzem gestorben ist. Sie hatte einen grippalen Infekt und lag eines Morgens leblos im Bett. Das war ein schlimmer Schock, besonders für mich.

Meine Mutter weiß, dass ich mich viel besser mit ihr verstanden habe als sie selbst. Oma war bei ihr immer ein bisschen kühl, manchmal fast grob. Aber bei mir hat sie sich nie im Ton vergriffen, war immer liebevoll und fürsorglich. Ich habe sie sehr geliebt.

Ich will meine Mutter nicht in Verlegenheit bringen, frage aber trotzdem ganz gezielt nach.

»War es bei dir denn so? Hast du dich von Opa Peter und Oma Karin nicht geliebt gefühlt?«

Mama schüttelt den Kopf.

»Nein, Veronika, wirklich nicht. Weißt du, der Opa war vom Krieg körperlich und seelisch sehr mitgenommen. Er hat nie darüber gesprochen, was er erlebt und gesehen hat, aber er war innerlich gebrochen. Früher hat er als LKW-Fahrer gearbeitet, aber später sehr zurückgezogen gelebt und seine Bilder zunehmend im Alkohol ertränkt. Ich glaube, er war selbst ein Opfer. Die Oma war ganz anders, eine lebenslustige Frau, die sich allerdings in der Enge des Dorfes nie wohlgefühlt hat. Sie hätte nach München oder Berlin ziehen müssen, aber dazu fehlte ihr die Gelegenheit.«

»Vielleicht ging es nicht mehr, weil sie mit dir schwanger war?«

»Ja, das kann gut sein. Sie hat mir selbst einmal gesagt, dass sie eigentlich keine Kinder, sondern ihre Freiheit wollten. Ich war nicht eingeplant und habe garantiert ihre Lebensplanung gestört, zumindest hat es sich für mich so angefühlt.«

»Wie meinst du das?«, frage ich irritiert.

»Sie hatten eigentlich kein Herz für mich.«

»Das ist aber ein harter Vorwurf«, werfe ich ein. »Haben sie dir denn etwas getan?«

»Äußerlich nicht, nein, Schläge habe ich nicht bekommen. Auch genug zu essen und Kleidung. Aber sie haben sich nie für mich interessiert. Ich war da, nun gut, aber sie hatten keinen Bezug zu mir. Ich war ihnen nicht wichtig. Zumindest hat es sich für mich so angefühlt.«

Ich bin ganz betroffen. Oma hatte für mich meistens etwas Lustiges und immer Liebevolles auf Lager. Ich kann mir nicht vorstellen, dass sie keine Kinder mochte.

»Aber sie hat doch immer für mich gekocht«, werfe ich ein. »Ich hatte nie das Gefühl, dass sie mich nicht mag.«

»Ja, das stimmt. Du warst ihr auch immer sehr nah. Sie hat viel mehr für dich getan als für mich. Vielleicht lag es daran, dass sie älter wurde und ihr Leben langweiliger. Vielleicht ist ihr auch vieles durch den Kopf gegangen. Auch der Tod von Opa Peter hat sie noch einmal verändert. Vielleicht hat sie bereut, mich so wenig beachtet zu haben, und vielleicht wollte sie bei dir etwas wiedergutmachen. Jedenfalls war meine Kindheit alles andere als liebevoll. Zuwendung? Verständnis? Nein, das gab es nicht. Ich war da, und das war's. Ich hatte wenig Ansprache.«

Mama hat sich auf einen Baumstamm gesetzt und weist jetzt mit der Hand auf den Platz neben sich.

»Komm, setz dich zu mir!«

Ich rutsche an ihre Seite, bin aber so aufgewühlt, dass ich ständig mit weiteren Fragen herausplatze.

»Hast du deshalb so früh geheiratet? Du warst doch, glaube ich, gerade mal 18 Jahre alt, oder?«

»Um aus dem Haus zu kommen, meinst du?« Meine Mutter nickt. »Ja, genauso war es. Ich wollte mich irgendwo anlehnen können, ein warmes Zuhause haben, und dann kam der Egger Sepp und war nett zu mir. Da habe ich nicht gezögert.«

»Wie viele Jahre war der Sepp älter?«

Mama schmunzelt.

»Ich mag es kaum sagen, er hätte gut mein Vater sein können: Er war 30 Jahre älter.«

»Und prominent!«

Mama nickt.

»Ja, ein kleines bisschen schon. Er hat hauptberuflich im Bergwerk gearbeitet, war aber ein wunderbarer Heimatdichter und bei allen Menschen in der Region sehr angesehen. Seine Stücke wurden oft gespielt. Ich dachte damals, dass jetzt die schönen Zeiten beginnen …«

»Und war es nicht so?«

Meine Mutter atmet tief durch. Sie scheint nach passenden Worte zu suchen.

»Weißt du, es war so lala. Ich wollte damals so gern ein Kind oder auch mehrere, aber das hat mit uns nicht geklappt. Irgendwann habe ich aufgegeben, davon zu träumen, und mich auf ein anderes Leben konzentriert.«

»Ich weiß, du hast deinem Mann bei den Aufführungen geholfen und auch mitgespielt.«

Sie nickt.

»Das auch, aber ich habe verstärkt wieder gearbeitet. Früher, vor der Hochzeit, arbeitete ich in der Fabrik. Das war damals so üblich auf dem Lande. Meine Eltern haben nicht darauf geachtet, dass etwas aus mir wird. Sie haben mich einfach machen lassen, und nach der Schule sollte ich Geld verdienen und nichts mehr kosten. Das war ihnen wichtig. Also blieb nur die Fabrik.«

»Und was hast du danach gearbeitet?«

»Nach der Hochzeit mit Sepp war ich eine Zeit lang nur Hausfrau, da habe ich ja noch an eine Familie geglaubt. Als es damit nichts wurde, bin ich als Stickerin in einer Lederhosenfirma gewesen und später in einer Fahrschule im Büro. Ich habe immer etwas dazuverdient, und der Sepp konnte sich deshalb auch so gut auf das Schreiben konzentrieren.«

»Ja, ich habe gehört, dass es in der Region viele Theateraufführungen nach seinen Vorlagen gab.«

»Stimmt, wir haben viel gemacht, übrigens auch mit deinem Vater, der damals als Kaplan zu uns kam.«

»Das habt ihr mir mal erzählt. Das muss Spaß gemacht haben. So gemeinsam ein Stück vorzubereiten und später zusammen auf der Bühne zu stehen.«

Mama lächelt jetzt, so als würden die alten Bilder wieder lebendig. Sie legt den Kopf zurück und sieht in den Himmel. Woran sie jetzt wohl denkt?

»Ja, das war wirklich schön. Wir waren so eine vertraute Truppe. Der Sepp war sehr gesellig und der zweite Josef, dein Vater, auch. Wir hatten Spaß miteinander, haben viel gelacht und auch gefeiert.«

»Was mochtest du damals denn am Papa?«

»Alles! Er war einfach ungeheuer lebensfroh und sympathisch, hatte für jeden ein offenes Ohr. Ich glaube, es gab in der Gemeinde niemanden, der ihn nicht mochte. Er war so ein Kumpeltyp, mit dem wirklich alle zurechtkamen. Er konnte mit den alten Leuten und mit den Jugendlichen und mit denen dazwischen erst recht.«

Sie lacht jetzt und ihre Augen glänzen. Sie muss sehr für meinen Vater geschwärmt haben.

»Für jeden hatte er ein nettes Wort übrig. Das ganze Dorf war begeistert, dass er da war. Ach ja«, sie lächelt jetzt, »er war wohl der beste Pfarrer, den man sich wünschen konnte, einer, der sich für andere einsetzte, der Hilfe gab und Stärke. Wenn Josef da war, fühlten sich alle gut.«

»War er nie arrogant?«

»Ach nein, im Gegenteil. Er wollte einer vom Dorf sein und ist auch so aufgetreten. Wir hatten alle einen direkten Draht zu ihm, obwohl er auch Respekt einflößte. Er hatte genau die richtige Mischung zwischen Nähe und Distanz. Es passte alles.«

»War es Liebe auf den ersten Blick?«

Meine Mutter sieht mich fast ein bisschen empört an.

»Veronika, ich war verheiratet, und der Josef war der Kaplan. Um Liebe ging es nicht, nur um Freundschaft. Ich habe ihn als Pfarrer und Freund gemocht, wirklich nicht mehr. Damals war das kein Thema.«

Ich spüre, dass ihr das Reden zusetzt. Sie stupst mich jetzt an.

»Komm, wir gehen noch ein bisschen.«

Wir greifen unsere Beerenkörbchen und schlendern nebeneinanderher, weiter durch den Wald, in dem es munter zwitschert und wunderbar nach Sommer riecht.

Der Rückweg ist ein komfortabel ausgebauter Waldweg, auf dem uns heute niemand entgegenkommt. Die Natur scheint nur uns allein zu gehören. Ein schönes Gefühl. Ich lege meiner Mutter den Arm um die Schulter, und mir fällt auf, wie zart sie geworden ist. Sie hat abgenommen, vermutlich liegt es an dem vielen Stress, den ich verursacht habe. Sie hatte es nicht leicht mit mir. Aber ich werde alles wiedergutmachen.

Sie legt ihre Hand um meine Taille, und ich liebe diese Nähe. Mama und ich, wir sind wirklich eine Einheit, und über mangelnde Liebe und Zugehörigkeit können wir beide uns nicht beklagen.

Aber ihre Offenheit macht mich weiter neugierig.

»War es schlimm für dich, als der Sepp dann gestorben ist?«

Mama nickt.

»Ja, das war hart. Er hatte Lungenkrebs, und ich habe ihn lange gepflegt. Es war schwer, ihn leiden zu sehen. Wenn ich ehrlich bin, war sein Tod jedoch eine Erlösung, auch für mich. Ich war am Ende meiner Kraft, körperlich und seelisch. Es war ja nichts mehr zu machen und am Schluss wirklich gut, dass er gehen konnte. Obwohl er mir sehr gefehlt hat. Sepp und ich haben uns gut verstanden. Wir waren ein verlässliches Team.«

Ich nehme Mamas Hand und drücke sie fest. Arme Mama! Sie hat so viel durchgemacht, und so genau hat sie es mir noch nie erzählt. Ich bin mittlerweile in ihren Augen nicht nur auf dem Papier erwachsen. Sie sieht mich nicht mehr als Kind, sondern wir gehen auf Augenhöhe miteinander um. Das tut gut.

Einen Moment sitzen wir schweigend auf einer Bank, atmen die frische Waldluft ein. Sie riecht nach frischen, aufplatzenden Blättern und der trockenen Erde des Sommers mit all den duftenden Gräsern. Ich tauche mit der Hand in das üppige Grün, fühle Stängel, Blüten, kräftige Dolden.

»Aber du bist doch dann dem Papa nähergekommen, obwohl du gewusst hast, dass er Kaplan ist und sich nicht mit Frauen einlassen darf?«

Ich drücke mich bewusst vorsichtig aus, aber Mama ist offenbar gerade in der Stimmung, sich alles von der Seele zu reden. Ich kann es also wagen, so direkt nachzufragen. Denn ich möchte sie verstehen können.

»Ich habe nach Sepps Tod nur eine kleine Witwenrente bekommen und mir deshalb schnell eine preiswertere Wohnung, unsere jetzige, und einen Job suchen müssen. Weißt du, ich war ja mutterseelenallein und wollte auf Nummer sicher gehen. Die Wohnung wurde mein Halt, sie ist es bis heute. In dem Hotel am Schliersee, du kennst es ja gut, konnte ich als Zimmermädchen anfangen und mit dem Einkommen meine Existenz sichern.«

»Warst du einsam damals?«

»Einsam? Ach nein, ich hatte ja einen großen Freundes- und Bekanntenkreis und war sehr eingebunden in unsere Region hier. Aber natürlich war es als Witwe ganz anders. Da reagieren viele Frauen mit Eifersüchteleien, und ich musste vorsichtig sein, mit wem ich länger als fünf Minuten spreche. Ich fühlte mich häufig beobachtet und schließlich auch ein bisschen ausgegrenzt und habe mich von mir aus zurückgezogen.«

»Haben dir denn Oma und Opa da nicht geholfen?«

»Ja klar, ich hätte häufiger zu ihnen gehen können. Aber unser Verhältnis war ja nicht so gut. Ich wollte allein klarkommen.«

»Und wie kam der Papa ins Spiel?«

Mama lächelt jetzt.

»Die Frage stellt sich wohl jeder in der Gemeinde. Schade, dass mich nie jemand gefragt hat, dafür aber mächtig getuschelt wurde.«

»Vermutlich denken alle an etwas ganz Spektakuläres.«

»Mag sein, aber auch Pfarrer sind ganz normale Menschen – und ganz unspektakulär sind wir auch zusammengekommen.«

Sie sieht mich von der Seite an.

»Du bist erwachsen, ich rede nicht lange drum herum. Er war einfach da, als ich jemanden brauchte. Sieh mal, ich war allein, trauernd, aus dem Leben geschubst. Ich brauchte jemanden zum Reden, und Josef, oder auch Sepp, wie viele ihn genannt haben, war als Pfarrer für mich da. Er war sehr aufmerksam, sehr zugewandt. So, wie ein Geistlicher eben ist. Wir trafen uns ja regelmäßig im Theaterkreis, und ich habe auch nach Sepps Tod, also dem meines ersten Sepps, weiter im Pfarrhaus geholfen. Wir hatten viel miteinander zu tun.«

»Aber ihr hättet es doch dabei belassen können …«

»Ja klar, das hätten wir. Aber irgendwann kam noch etwas dazu. Er war so lieb, so einfühlsam, das kannte ich gar nicht. Ich hatte zum ersten Mal in meinem Leben das Gefühl, jemandem wirklich wichtig zu sein.«

»Und das ging ja offensichtlich über das Seelsorgerische hinaus!«

»Anfangs nicht. Aber irgendwann hatte ich Schmetterlinge im Bauch.«

Ich lächle Mama an. Sie strahlt ganz verzückt. Es ist schön, sie so in ihren Träumen zu beobachten.

»Das stelle ich mir besonders schwer vor. Man ist verliebt und weiß, dass diese Liebe nicht sein darf.«

»Stimmt, das hatte ich ja auch vor Augen und habe deshalb in meinem Kopf und in meinem Herzen nicht mehr zugelassen. Ich wollte mich einfach nur ein bisschen wegträumen in seine Arme, aber ganz ohne jemals an eine gemeinsame Zukunft zu denken. Der Josef, der war für die Fantasie da, mehr nicht.«

Sie zwinkert mir nun richtig keck zu, bevor sie ganz gelöst weitererzählt.

»Aber es kam ja bekanntlich dann ganz anders, ich weiß, dass du neugierig bist. Und ich will jetzt auch deine Geduld nicht länger strapazieren und erzähle dir alles. Also, der Josef hatte eine Wohnung auf einem Hof in Hausham. Eine Zeit lang haben wir uns nur in seinem Büro im Pfarrhaus getroffen, aber irgendwann sahen wir uns dann auch in seiner Privatwohnung. Wir haben ein Glas Wein getrunken, geredet. Und dann, eines Abends, legte er seine Hand auf meine und drückte sie. Doch es war kein seelsorgerisches Drücken, es war die Berührung eines Mannes, der von einer Frau mehr wollte, als ihr nur warme Worte zu sagen.«

»Das hast du aber gerade schön formuliert«, frotzle ich. »Hattest du nicht Angst, etwas Verbotenes zu tun?«

»Ach, Veronika, ja und nein. Ich hatte ja nicht so eine Bindung zur Kirche. Sieh mal, meine Eltern hatten mich zwar als Säugling taufen lassen, aber nie intensiveren Kontakt mit der Kirchengemeinde hergestellt. Als ich zehn, zwölf Jahre alt war, sind sie aus der Kirche ausgetreten und ich natürlich auch. Mein Kontakt mit der Kirche kam erst wieder über den Sepp, bezog sich aber auch hier mehr auf das Theater- und Gemeindeleben. Ich hatte immer eine ganz lockere Einstellung zur Kirche und habe mir über den Zölibat keine Gedanken gemacht. Und dann kam dein Vater, und ich dachte mir, wenn es der Josef nicht so ernst nimmt, wird es in Ordnung sein. Er muss ja wissen, was er tut. Ich hatte doch kein Gelübde abgelegt. Sieh mal, er hat den ersten Schritt gemacht, nicht ich. Und ich habe mich nach diesem Händedruck auch noch lange gegen mehr gesperrt. Allerdings ging es mir nicht darum, ob er den Zölibat verletzt oder nicht, das war seine Sache. Mir ging es darum, mich zu schützen. Ich wollte ja keine Affäre, sondern echte, zugewandte Liebe, wirkliche Gefühle. Danach war ich nach meiner kalten Kindheit und der eher freundschaftlichen Ehe richtig ausgehungert. Sicherlich ging es auch um Leidenschaft. Ich war Anfang 40 und hatte schon im Kopf, dass das jetzt noch nicht alles gewesen sein konnte. Der Josef war fünf Jahre jünger als ich und gefiel mir einfach richtig gut, ich meine als Mann.«

»Und irgendwann ist es dann passiert.«

»Ja, nach vielen Gesprächen. Ich habe Josef natürlich erst gefragt, was er sich mit mir vorstellen kann. Die Antwort ist er mir eigentlich schuldig geblieben. Aber das ist mir erst viel später aufgefallen. Ich habe damals nur gehört, was ich hören wollte, und das waren die großen Gefühle, von denen er gesprochen hatte. Er war schon sehr verbindlich, meinte, dass er ohne mich nicht leben wolle, mit meinem Bild im Kopf abends einschlafe und morgens aufwache, dass er rund um die Uhr an mich denke, dass er mich liebe.«

»Hast du das geglaubt?«

Mama sieht mich irritiert an.

»Aber natürlich, Veronika. Das hätte jede geglaubt. Der Josef hatte eine Art, dass man ihm immer alles abnahm. Dazu kam sein Vertrauensvorschuss. Einem Pfarrer traut man gar nicht zu, dass er lügt. Der hat immer etwas Reines, Ehrliches, etwas über alles Erhabenes an sich. Ich glaubte ihm und habe keine Sekunde an seinen Gefühlen gezweifelt – und darüber nicht bemerkt, dass er nie gesagt hat, dass er sich für mich entscheiden werde. Ich habe das vorausgesetzt, aber das war falsch, ein Trugschluss.«

»Das heißt also, er hat dich verschaukelt?«

Sie räuspert sich, wirkt nachdenklich.

»Weißt du, verschaukeln passt nicht, es passen auch nicht Begriffe wie ›lügen‹ oder ›verführen‹. Ich glaube, Josef hat in der Zeit wirklich geglaubt, dass er mit mir zusammen sein will, mit mir als Lebenspartnerin. Er hat nur nicht die Konsequenzen bedacht. Für ihn bedeutete sein Beruf alles. Er war Pfarrer durch und durch und hat sich nicht überlegt, dass er das meinetwegen vielleicht aufgeben müsste. Er fand es einfach gut, mit mir jemanden an seiner Seite zu haben, dem er vertrauen konnte, jemanden jenseits der Gemeinde, in der er ja die Respektsperson war.«

Sie spricht jetzt sehr ernst.

»Ich muss mal eine Lanze für den Josef brechen. Die Leute vergessen, wie einsam ein Pfarrer sein kann, abends, wenn die Gemeindemitglieder in ihre Häuser gehen und er in seine leere, kalte Wohnung muss. Weißt du, was er mir immer gesagt hat?«

Mama sieht mich an, bevor sie ihn zitiert.

»›Ich möchte auch etwas von der Wärme spüren, die ich anderen gebe‹, hat er gemeint, und ich habe da etwas ungeheuer Verletzliches herausgehört.«

»Also hat er die Beziehung gewollt?«

»Ja, natürlich, er war sogar die treibende Kraft. Er hat in meinen Augen keine großen Stolpersteine gesehen, und wenn, dann wollte er sie aus dem Weg räumen.«

»Und dann wart ihr ein Paar, natürlich heimlich?«

Mama nickt.

»Ja, genau, und das gab dem Ganzen sogar einen besonderen Reiz.«

Sie kichert jetzt wie ein Teenager.

»Du musst dir das vorstellen! Ich bin in der Dunkelheit zu ihm geschlichen, und er war umgekehrt auch manchmal bei mir. Nie durfte man uns sehen. Das war schon aufregend. Ein bisschen wie in einem Kinofilm. Wir waren bis über beide Ohren verliebt und konnten es kaum abwarten, uns in den Armen zu liegen. Mensch, Veronika, solche Momente sind das Salz in der Suppe des Lebens.«

Da muss ich richtig laut auflachen. So ausgelassen habe ich meine Mutter noch nie erlebt.

»Und wie war das in der Gemeinde? Habt ihr euch angeschmachtet?«

»Nein, nein, natürlich nicht. Wenn andere Leute dabei waren, haben wir uns ganz neutral gegeben. Aber in der Gemeindeküche, wenn niemand in der Nähe war, haben wir uns schnell geküsst, oder er hat mir in passenden Momenten auf den Pfarrfesten, wenn es niemand bemerkte, liebevoll über die Wange gestreichelt.«

Mama sieht jetzt in den Himmel, lächelnd und erfüllt von den Erinnerungen.

»Weißt du, Veronika«, murmelt sie leise. »Eigentlich war das unsere schönste Zeit. Wir waren glücklich wie Teenager und haben gelitten, wenn wir uns einen Tag nicht sehen konnten. Ich hatte bei jeder Begegnung Herzklopfen wie noch nie in meinem Leben, und dem Josef ging es bestimmt genauso. Er ist sogar manches Mal zwischen zwei Terminen nur für ein paar Minuten vorbeigekommen, um mich einmal in den Arm zu nehmen. Das war schon etwas ganz Besonderes.«

»Aber wolltest du denn ein Kind von ihm?«

Mama sieht mich an, nimmt meine Hand.

»Veronika, du bist das Allerbeste, das mir passieren konnte.

Es gab nicht eine Sekunde, in der ich bereut habe, deine Mutter zu sein. Aber nein, geplant warst du nicht, weil ich gar nicht davon ausgegangen bin, schwanger werden zu können.«

Sie zieht mich jetzt an sich, und ich lege meinen Kopf an ihre Schulter. Liebevoll streichelt sie mir über den Rücken.

»Sieh mal, Veronika, du bist ja nun eine junge Frau, und wir beide können über alles sprechen. Ich wollte mit dem Sepp, meinem Ehemann, ein Baby beziehungsweise gleich mehrere Kinder haben. Ich war auf eine Familie eingestellt. Aber es hat nie geklappt, und damals war nicht die Zeit, in der große Untersuchungen gemacht wurden, um nach der Ursache zu forschen. Sepp und ich haben uns einfach gedacht, es klappt nicht, und basta. In meinem Kopf war ich unfruchtbar und habe deshalb auch mit deinem Papa gar nicht verhütet. Übrigens habe ich ihm das auch so gesagt. Und bitte vergiss nicht, wie alt ich damals schon war. Das Thema ›Kind‹ war nicht mehr aktuell und Verhütung in meinen Augen unnötig. Ich war wirklich sorglos und habe nicht eine Sekunde daran gedacht, schwanger werden zu können.«

Ich schüttle ungläubig den Kopf.

»Das muss ja eine totale Überraschung für euch beide gewesen sein: Ihr fühlt euch sicher, und plötzlich spürst du – da wächst ein Mensch in dir.«

»Allerdings, das war eine Überraschung, und nach dem ersten Schock, weil ich überhaupt nicht damit gerechnet hatte, auch eine sehr schöne. Ich weiß noch, dass mir morgens immer übel war und ich mir das nicht erklären konnte. Ich dachte, ich hätte etwas Falsches gegessen und mir den Magen verdorben. Aber nach zwei Wochen wurde ich unruhig. Ich dachte aber nicht daran, schwanger zu sein, überhaupt nicht. Ich war ja unfruchtbar, das konnte es ja nicht sein.«

»Wann bist du denn zum Arzt gegangen?«

Mama macht eine abwehrende Handbewegung.

»Ach je, das weiß ich nicht mehr, aber zumindest spät, sehr spät. Ich war bestimmt schon im vierten Monat. Selbst als das kleine Bäuchlein dazukam, da habe ich nicht eins und eins zusammengezählt. Ich wollte vielmehr Gewissheit, ob es nichts Ernstes mit meinem Magen ist. Aber der Arzt hat gelächelt und gesagt, dass ich ein Baby erwarte, mit 41 Jahren. Das war schon eine ganz spezielle Nachricht.«

»Und wie hat der Papa auf die frohe Nachricht reagiert?«

»Tja, ganz ehrlich, eigentlich hat er gar nicht reagiert. Ich habe oft nachgedacht, wie ich sein Verhalten rückblickend einordnen soll. Ich weiß noch, dass ich aufgeregt zu ihm gelaufen bin und ihm in seiner Wohnung gesagt habe, dass er Vater werde.«

»Und er? Was hat er darauf geantwortet?«, will ich unbedingt wissen.

»Ich war sehr aufgeregt, Veronika. Deshalb habe ich vielleicht nicht alles mitbekommen. Aber in meiner Wahrnehmung hat er … nichts gesagt. Er hat auch nicht aufgeregt reagiert oder ist nervös geworden. Nichts, gar nichts. Er hat einfach nur ›hmh‹ gemeint, und das war's.«

»Wie?« Ich bin irritiert. »Das war doch eine alles entscheidende Nachricht. Mit einem Baby wird doch klar, dass er sich nicht an den Zölibat gehalten hat.«

»Ja klar, er hat natürlich gewusst, dass damit Probleme auf ihn zukommen. Aber mir gegenüber hat er davon nichts erwähnt. Du kannst ihn bei Gelegenheit gern selber fragen. Ich weiß nichts anderes zu berichten.«

Ich bin jetzt baff. Das kann doch nicht sein. Er muss doch realisiert haben, dass er vermutlich sein Amt niederlegen und mit seiner Familie irgendwo anders ganz von vorn beginnen muss. Oder hatte er das nie vor? Wollte er auch mit Kind, also mit mir, einfach so weitermachen wie bisher? Er muss doch vermutet haben, dass die Kirche dahinterkommt und es Folgen haben wird. Ich möchte ihn wirklich danach fragen. Insbesondere auch, was er sich in der Situation erhofft hat.

Mama scheint meine Gedanken zu lesen.

»Es klingt komisch, aber dein Vater hat nie wirklich darüber gesprochen. Ich habe immer wieder gefragt, gebohrt, doch er ist ausgewichen, wollte sich partout nicht äußern. Der Josef ist kein schlechter Mensch, wirklich nicht. Er hat nur das Projekt ›Familie‹ gehörig unterschätzt.«

»Und wie ging es dann weiter?«

»Wir haben einfach so weitergemacht wie bisher. Währenddessen wurde mein Bauch immer dicker, und die Gerüchteküche brodelte. Eine Witwe, die in dem Alter plötzlich ein Kind bekommt, das hat sie alle zu den wildesten Fantasien angeregt. Es gibt wohl kaum einen Mann, dem man im Rahmen des Dorftratsches das Baby nicht angedichtet hat – und natürlich war auch dein Vater dabei. Man hatte uns ja schon häufig zusammen gesehen. ›Die Egger Gerti hängt dem Pfarrer ein Kind an‹, ich glaube, das war schon eine Sensation im Ort.«

»Und hat man dir das auch mal ins Gesicht gesagt?«

Mama schüttelt den Kopf. »Natürlich nicht. Dorfleben funktioniert ja anders. Man lacht dem Opfer ins Gesicht, dreht sich um und verbreitet Gehässigkeiten. Ich habe damals immer die Blicke im Rücken gespürt, wie Messerstiche. Das war hart. Allerdings wollte ich kein Schlachtlamm sein und habe mich deshalb noch mehr zurückgezogen und mich in keinem Verein mehr blicken lassen. Ich bin damals in Auerschmied zur Einsiedlerin geworden, nicht weil ich es wollte, nein, ich bin sehr gesellig, das war ich immer schon. Aber ich wollte keinen Spießrutenlauf mehr.«

»Was hast du gemacht?«

»Ich war zu Hause, habe mich regelrecht eingeigelt oder bin mit dir im Bauch im Wald spazieren gegangen und habe inständig gehofft, dass ich niemandem dort begegne, der mir blöde Sprüche an den Kopf wirft.«

»Und, hat es geklappt?«

»Bis auf wenige Ausnahmen ja. Der Wald war mein Rückzugsort, vielleicht hat er mich sogar das alles überstehen lassen. Ich glaube, du liebst den Wald deshalb so sehr, weil du schon als ungeborenes Kind so viel dort gewesen bist. Du hast die Liebe zum Wald schon vor der Muttermilch mitbekommen.«

»Und wie war die Geburt?«

»Einsam! Der Papa konnte ja nun nicht mit. Wenn er mit mir im Kreißsaal gewesen wäre, hätte ihn die Kirche sofort hochkant hinausgeworfen. Also bin ich zum errechneten Geburtstermin allein ins Krankenhaus gefahren. Das war schon schwer. Bei den anderen Frauen saßen die Männer am Bett, und es kamen viele Verwandte, um das Baby zu sehen, aber ich war allein. Das tat weh. Doch meine Kolleginnen aus dem Hotel haben nach mir gesehen. Das war schön.«

»Und deine Eltern?«

»Nein, nichts da. Aber ich war auch nicht unglücklich darüber. Ich hatte keine Lust, mich bei ihnen dafür zu rechtfertigen. Ich war wirklich allein und bin auch allein geblieben. Den Papa habe ich natürlich angerufen und erzählt, dass wir ein wunderschönes kleines Mädchen haben …«

»Das aber anfangs nicht ganz gesund war?«

»Ja, das stimmt. Während der Geburt gab es plötzlich Probleme. Deine Herztöne stimmten nicht mehr, du musstest mit einem Notkaiserschnitt auf die Welt geholt und dann sofort behandelt werden. Das war wirklich knapp mit dir.«

Sie strahlt mich jetzt an.

»Aber es ist ja alles gut gegangen. Es war so schön, als damals die Entwarnung kam. Du warst gesund und ich grenzenlos erleichtert. Ich habe allerdings zwei Wochen in der Klinik bleiben müssen, ohne dass der Josef sich blicken lassen konnte. Da habe ich mich schon sehr verloren gefühlt.«

»Wann ist der Papa dann zum ersten Mal gekommen?«

»Als wir beide zu Hause waren. Da hat er immer mal vorbeigeschaut, natürlich heimlich.«

»Ihr habt aber im Großen und Ganzen einfach so weitergemacht, stimmt's?«

»Im Grunde ja. Wir haben wirklich so weitergelebt wie bisher, nur eben mit einem Baby. Ich war mit dir in Hausham, dein Vater bei uns in Auerschmied. Wir sind auch viel zusammen spazieren gegangen. Aber den Kinderwagen hat er natürlich nie angefasst. Das war ihm zu gefährlich. So eine Geste hätte uns ja verraten können. Das war jedoch Quatsch, es wusste längst jeder. Für die Haushamer war das Geheimnis um die Vaterschaft gelüftet, als sie uns drei einmal zusammen gesehen hatten und all die anderen Männer damit freigesprochen waren von dem Bankert. Ich glaube, es ist ganz vielen Frauen in Hausham ein Stein vom Herzen gefallen, dass es nicht ihr Mann war, der mit mir herumgemacht hat.«

»Aber Mama, das hört sich ja schlimm an, was man dir alles unterstellte.«

»Es war auch schlimm und verletzte mich sehr. Aber ich habe es hingenommen, es blieb mir ja auch nichts anderes übrig.«

Sie atmet tief durch, so, als müsse sie Kraft schöpfen.

»Man ist plötzlich ein Flittchen. Denn bitte vergiss nicht,

dass ich im Krankenhaus unter der Rubrik ›Vater‹ den Vermerk ›unbekannt‹ vornehmen lassen musste. Das lässt sich gut so interpretieren, als ob ich bei meinen vielen Liebhabern nicht mehr wüsste, von wem das Kind war. Ich musste dann auch zum Jugendamt, und dort hat man mir sogar mehr oder weniger deutlich einen fragwürdigen Lebenswandel unterstellt. Ich müsse mich doch erinnern, mit wem ich zum denkbaren Termin zusammen gewesen sei. Ich habe den Kopf geschüttelt. Das war mir schon mehr als unangenehm. Es sah wirklich so aus, als ob ich quasi den Überblick über meine Intimpartner verloren hätte.«

Ich sehe Mama an. Wie verletzend muss das für sie gewesen sein?! Sie liebt einen Mann, bekommt ein Kind von ihm und darf nicht sagen, wer es ist, stattdessen wird sie als leichtlebig und vergnügungssüchtig abgestempelt. Aber sie knickt nicht ein, schreit die Wahrheit nicht heraus, sondern bleibt stumm und loyal und hält zu dem Mann, den sie liebt. Während er sich weiter im Sonnenlicht zeigt und unbehelligt weiterleben kann, fängt sie die ganze Häme und Erniedrigung ab, stolz und unbeirrt, und lebt mit dem Makel, für den ein ganz anderer verantwortlich ist. Ich bewundere meine Mutter von ganzem Herzen.

»Hat Papa dich denn damals finanziell unterstützt?«

Mama schüttelt den Kopf, fast schon verschämt.

»Nein, wir mussten mit meiner kleinen Witwenrente auskommen und dem, was ich im Hotel verdient habe.«

»Papa hat gar nichts bezahlt?«, frage ich noch einmal nach. Ich will endlich mal völlige Gewissheit.

Sie zögert mit der Antwort, vermutlich, um mein Verhältnis zu meinem Vater nicht weiter zu beschädigen. Auch jetzt hält sie zu ihm und will sein Ansehen mal wieder nicht unnötig weiter belasten.

»Mama, nun mal heraus mit der Wahrheit!«

»Nun ja, wie man es sehen will. Eine Art Unterhalt, also eine regelmäßige Zahlung, nein, so etwas gab es von ihm nicht. Doch er hat sich bereit erklärt, öfter für uns einzukaufen.«

»Aber er verdiente doch gut. Er hätte dir monatlich Geld geben können.«

»Ja natürlich hätte er das, und ich hätte das Geld auch gut gebrauchen können, da es oft sehr knapp war. Aber ich habe nicht gefragt. Ich dachte, er sieht doch, dass wir wenig haben. Wenn er mir nichts gibt, will er es offenbar nicht, und um Geld betteln, nein, das wollte ich nicht.«

Ich bin entsetzt. Wie konnte Papa bloß so geizig und rücksichtslos sein?

Mama scheint zu merken, was ich denke, und macht jetzt reinen Tisch.

»Immerhin hat er bei seinem Freund, einem Münchner Notar, eine Vaterschaftsanerkennung hinterlegt. Allerdings hat der Freund sehr darauf gedrängt. Ich habe mitbekommen, wie er auf ihn eingeredet hat. Es fielen Begriffe wie ›Verantwortung‹ und ›Feigheit‹. Josef wollte sich Feigheit nicht nachsagen lassen und hat schließlich unterschrieben. Ich weiß, dass er es von sich aus nicht gemacht hätte. Da bin ich mir sicher.«

»Aber Mama, das ist schlimm. Die Anerkennung ist wirklich das Mindeste. Nein, ich kann das nicht verstehen. Er hat keine finanzielle Verantwortung übernommen, dir die Erziehung und den Alltag überlassen und nach außen hin in der Kirche und in der Gemeinde auf ›heile Welt‹ gemacht. Das ist nicht fair.«

Ich frage mich, warum sich das Jugendamt in meinem Fall nicht eingemischt hat. Wieso haben die sich nicht darum gekümmert, dass mein Vater finanzielle Verantwortung übernimmt? Als ich sie das frage, räumt meine Mutter ein, dass es nach der Vaterschaftsanerkennung eine Art Vereinbarung mit dem Jugendamt gegeben habe. Mein Vater habe sich zu einer freiwilligen Zahlung verpflichtet, sei dieser aber nie nachgekommen. Und da meine Mutter sich nicht beschwert hat, hat das auch niemand kontrolliert.

Ich sehe, dass Mama geschafft ist. Die Erinnerung ist nicht leicht für sie. Aber es war so wichtig für mich, das alles einmal zu erfahren. Ich muss lernen, damit umzugehen, und möchte am liebsten noch mehr Informationen.

An dem Abend, während wir die Himbeerkonfitüre rühren und in Gläschen abfüllen, nehme ich mir fest vor, meinen Vater auf alles anzusprechen. Ich will mein und ihr Leben verstehen und brauche dazu Antworten.

*

Schon eine Woche später, bei seinem nächsten Besuch bei uns, wage ich mich aus der Deckung.

Es ist ein Sonntagnachmittag. Mama fühlt sich nicht gut und hat sich hingelegt. Papa und ich sind allein. Ich nutze die Gelegenheit und stelle meinem Vater die gleiche Frage, die ich auch meiner Mutter gestellt habe. »Wie habt ihr euch eigentlich kennengelernt?«

Aber mein Vater reagiert ganz anders darauf. Er antwortet nicht, sondern wechselt das Thema, fragt danach, wie es mir gehe.

Ich wiederhole daraufhin meine Frage, und dann kommt das, was immer kommt: Er fühlt sich in die Ecke gedrängt und wehrt alles ab. In diesem Fall brummelt er zunehmend missmutig vor sich hin, meint: »Da gibt es nichts zu erzählen« und »Das geht keinen etwas an«. Aber ich lasse mich nicht so einfach abwimmeln.

»Weich mir bitte nicht aus. Mich geht es etwas an. Ich möchte es wirklich gern wissen«, wiederhole ich noch einmal und achte bewusst darauf, nicht fordernd oder gar frech zu klingen.

Daraufhin wird Papa unwirsch, verbittet sich sogar das Gespräch – und schiebt dann schnell einen Termin vor, um rasch wieder nach Hause fahren zu können.

Ich schüttle fassungslos den Kopf. Das ist also seine Art, mit für ihn unbequemen Themen umzugehen.

Zumindest in dem Punkt kann man sich auf ihn verlassen.

Kapitel 7

Ich bin seit dem langen Gespräch mit Mama innerlich aufgewühlt und grüble viel. Es war aufregend, so viel aus der Vergangenheit meiner Eltern zu erfahren. Und es war auch aufschlussreich zu erfahren, dass mein Vater kein Interesse hat, mir bei der Verarbeitung meiner Lebensgeschichte zu helfen.

Ich muss es allein mit mir abmachen beziehungsweise mit meiner Mutter, und es gibt noch so vieles, was ich gern wissen möchte, aber ich lasse uns Zeit.

Mama ist mir gegenüber weiterhin sehr offen, erzählt gern und viel von früher, und so entwickeln sich immer wieder schöne Gespräche, in denen ich für mich Wichtiges erfahren kann, meistens ganz zufällig.

Als wir eines Abends knusprige Bratkartoffeln essen und ich schnell etwas Kompott für den Nachtisch aus dem Keller holen möchte, fällt mir ein Bild von meiner Taufe ins Auge, das im Flur an der Wand hängt. Komisch, zahllose Male bin ich achtlos daran vorbeigegangen. Aber jetzt, mit Mamas Geschichte im Kopf, erregt es meine Aufmerksamkeit.

Auf dem Foto sind meine Mutter und Pater Leo zu sehen. Leo ist ein ganz enger Freund meiner Mutter. Er ist Mönch, ein paar Jahre älter als sie und lebt im nahe gelegenen Kloster Schäftlarn. Ich wollte immer schon wissen, warum mir nicht mein Vater den Segen gegeben hat, habe mich aber nie getraut zu fragen. Jetzt nutze ich die Gelegenheit.

Das Kompottglas noch in der Hand platze ich schon mit meiner Frage heraus.

»Sag mal, warum hat mich eigentlich der Leo getauft und nicht der Papa?«

Mama zögert nicht mit der Antwort.

»Der Papa wollte es nicht, und unser zweiter Pfarrer in Hausham auch nicht. Die hatten beide Angst vor Schwierigkeiten. Also fragte ich den Leo, und er hat Ja gesagt.«

»Schwierigkeiten? Das Kind eines Pfarrers hat also keinen kirchlichen Segen verdient?«

Mama zuckt mit den Schultern. »Tja, es sieht wohl so aus!«

»Wo ist denn da die vielgepriesene Barmherzigkeit?«

»Diese Frage habe ich mir oft gestellt, Veronika«, sagt Mama ernst. »Die Kirche hat deshalb in meinen Augen verspielt.«

Ich seufze, es ist eine Mischung aus Fassungslosigkeit und Zustimmung.

»Wenigstens hat der Leo nicht gekniffen. Er muss dir ja damals wie ein Held vorgekommen sein!«

Mama lacht laut auf.

»Ein bisschen schon. Aber er ist wirklich ein guter Freund. Ich mag ihn sehr. Du weißt ja, wie wir uns kennengelernt haben?«

Sie sieht mich fragend an.

»Ja klar, das hast du erzählt. Ihr habt zusammen eine Kirchenreise nach Rom gemacht, viele Jahre, bevor wir mit Papa dort gewesen sind.«

»Genau«, bestätigt sie. »Ich glaube, es war gleich nach Sepps Tod. Wir waren mit der Gemeinde unterwegs und haben uns auf Anhieb so gut verstanden, dass wir uns abgesetzt haben und fast immer allein unterwegs gewesen sind. Dabei sind wir beste Freunde geworden, und das ist auch so geblieben. Mit ihm konnte ich immer gut sprechen.«

»Wusste er, dass Josef mein Vater ist?«

»Ja klar, bei ihm haben wir beide kein Geheimnis daraus gemacht. Leo und Josef kannten sich schon vor mir und sind Freunde geblieben. Bei Leo konnte ich offen sein. Er hatte viel Verständnis für mich, aber auch für den Josef. Er hat versucht, uns beiden zu helfen, indem er zuhörte. Ich war ihm immer sehr dankbar dafür.«

»Und wo war die Taufe? Bei Leo im Kloster?«

»Ich weiß, es klingt komisch ... bei uns im Wohnzimmer.«

In diesem Moment spüre ich Trauer aufkommen. Es ist schon bitter, dass man mich kleines, unschuldiges Wesen so verstecken musste. Ich durfte nicht einmal in einem Gotteshaus getauft werden. Und ich dachte immer, Gott liebe alle seine Kinder. Für mich gilt das offenbar nicht. Ich bin für die Kirche so etwas wie eine Plage, etwas, das nicht sein darf. Zum Glück war ich ein Säugling und habe nichts mitbekommen. Aber meine arme Mutter. Wie muss sie gelitten haben, weil ihr geliebtes, unschuldiges Kind so abgelehnt wurde.

»Woran denkst du?«, will Mama wissen.

Ich mache eine wegwischende Handbewegung.

»Ach, nur so, einfach nur Gedanken. Nichts Wichtiges.«

Ich will Mama nicht auch noch mit meinen Empfindungen belasten.

»Aber Papa hat uns damals auch immer besucht, nicht wahr?«

»Ja, das stimmt. Er war jeden Sonntag da und kam auch mal unter der Woche, sofern es in seinen Tagesplan passte.« Sie schüttelt den Kopf und seufzt dabei.

»Genau dies ist uns schließlich zum Verhängnis geworden. Ich habe deinen Vater mehrfach darum gebeten, unser Leben zu ordnen, weil ich immer geahnt habe, dass unser sorgloses Auftreten nicht folgenlos bleiben würde. Wir hätten umziehen und woanders neu beginnen müssen! Der Leo hat ihn übrigens auch gewarnt. Aber Josef ist nie darauf eingegangen, bis man in München Wind von uns bekommen hat und die Bombe geplatzt ist.«

Jetzt bin ich hellwach.

»Was ist passiert? Du machst mich richtig neugierig.«

»Ich bekam einen Brief, eine Art Vorladung, und musste zum Ordinariat nach München.«

»Allein? Oder mit Papa?«

»Allein, alles andere hätte es zu offiziell gemacht, und genau das wollte man ja nicht.«

»Man hat dich quasi allein in München vorgeladen? Was erwartete dich dort?«

»Ja, es war schon ziemlich beeindruckend, oder besser gesagt: einschüchternd. Ich wurde zu einem ranghohen Würdenträger gebracht, und für ihn war ganz klar, dass ich die Schuldige bin. Das Erste, was er mir sagte, das war, dass ich dem Josef die Karriere verdorben hätte. Denn mit dem Kind komme er in der Kirche nicht mehr voran.«

»Das ist ja unglaublich«, murmle ich, ganz betroffen von dieser Rücksichtslosigkeit. »Und was kam dann?«

»Ja, dann hieß es, dass es so nicht weitergehen könne. Man werde sich für den Josef eine Lösung überlegen und ihn aus meinem Umfeld herausnehmen und woanders einsetzen. Es war ganz klar, man wollte die Familie trennen, uns quasi auseinanderreißen, damit in der Gemeinde wieder alles seine Richtigkeit hat.«

»Das heißt, man wollte damit auch mir den Vater nehmen?!«

»Ja, natürlich, so kann man es sehen. Wir sollten nicht Familie spielen dürfen, sondern der Papa sollte unauffällig irgendwo arbeiten und leben, und wir beide sollten uns quasi in Luft auflösen und nicht mehr in der Gemeinde auftauchen. Man hat mir wirklich geraten wegzuziehen, allein, so weit weg wie möglich.«

»Wie hast du reagiert?«, will ich wissen. »Hast du geweint?«

»Ach, i wo, den Triumph wollte ich dem netten Herrn nicht lassen. Nein, ich habe mir das bis zum Schluss angehört, und dann bin ich gegangen, kommentarlos. Was hätte ich auch darauf sagen sollen. Für mich war der ganze Auftritt einfach eine riesengroße Frechheit.«

»Hat man dir eine Art Schweigegeld geboten? Davon habe ich kürzlich in einer Zeitung gelesen.«

»Mir hat niemand Geld angeboten«, versichert mir meine Mutter. »Das ist ein Gerücht, das sich hartnäckig hält. Ich glaube nicht daran.«

»Wie hast du dich denn gefühlt nach dieser ›Vorladung‹?«

»Auf der Fahrt zurück nach München ging es mir noch ganz gut. Ich habe damals ja noch geglaubt, dass der Josef da nicht mitspielt und mit uns als Familie ein neues Leben beginnt. Ich dachte, dass er fortan als Lehrer arbeiten würde oder in einer Jugendeinrichtung. Er kann ja gut mit Kindern und Jugendlichen. Im Grund war ich sogar ein bisschen froh, weil durch die Unruhe in der Kirche jetzt auch Bewegung in unser Leben kam. Das erste Jahr ist unsere Beziehung weiter unverbindlich vor sich hin geplätschert, aber jetzt wusste das Ordinariat, was los ist, und ich dachte, dass man damit auch dem Josef zu einer Entscheidung verhilft.«

»Und wie hat Papa auf das Gespräch reagiert?«

»Ich kann es gar nicht sagen. Du kennst ja seine Art, sich Sachverhalte anzuhören und unkommentiert so stehen zu lassen. Das macht er ja bis heute so. Es kam auch damals nur ein »Ach so« oder »Ach was« – und dann nichts mehr. Er hat eigentlich immer derart auf ungewöhnliche Situationen reagiert. Man wusste nie, wie er über etwas dachte.«

»Und wie interpretierst du das?«

»Ich glaube, er hatte damals die Hoffnung, dass er einfach wegtauchen könnte. Sieh mal, eigentlich wusste die ganze Gemeinde, was bei uns los war, und man hat es mitgetragen, weil man den Josef behalten wollte. Er war sehr beliebt, also haben alle weggeguckt. Erst als wir zu unbeschwert wurden und zu offen miteinander umgingen, ist die Kirche eingeschritten. Sie konnte nicht länger zusehen, dass jemand offen gegen den Zölibat verstößt, und musste etwas unternehmen. Im Grund hat er sie herausgefordert und die Quittung dafür bekommen.«

»Und wie wirkte sich das für ihn aus?«

»Ich weiß nicht, ob ich alle Zusammenhänge kenne, aber dein Vater hat mir erzählt, dass er ebenfalls habe nach München müssen, und dort habe man ihm gesagt, dass er nach seiner Verfehlung nicht in der Gemeinde bleiben könne.«

»Die Verfehlung … bin ich?«

»Nun ja, für die katholische Kirche ist Sexualität außerhalb der Ehe eine Sünde, vom Bruch des Zölibats ja ganz zu schweigen. Nun weiß niemand, was im Pfarrhaus passiert, aber wenn ein Baby da ist, wird die Verfehlung sichtbar, und die Institution Kirche muss reagieren. Sonst macht ja das Zölibat keinen Sinn. Immerhin haben die Priester bei der Weihe Enthaltsamkeit geschworen.«

»Und was sollte Papa machen?«

»Sich entscheiden: entweder das Amt niederlegen oder mich verlassen – und weil er sich nicht klar entschieden hat, sollte er dann zumindest aus der Schusslinie genommen werden. Er wurde damals nach Garmisch versetzt, ausreichend weit von uns entfernt. So weit, dass er nicht mehr abends zu mir schleichen konnte. Ich glaube, diese Versetzung haben mir die Menschen hier am meisten angekreidet und mich deshalb links liegen gelassen.«

»Weil sie ihn so mochten?«

»Ja, genau, und ich hatte Schuld daran, dass er seinen Posten räumen musste.«

»Wie war denn euer Verhältnis, als Papa in Garmisch war. Hat er sich nicht auch unwohl gefühlt und auf einer Lösung bestanden?«

»Ich habe keine Ahnung. Ich habe von ihm nie ein klares ›Ja‹ oder ›Nein‹ gehört. Er hat auch insgesamt nie mit mir ernsthaft und ausführlich darüber gesprochen. Er druckste immer nur herum. Ich glaube, ich habe dem Gesagten entnommen, was ich ihm entnehmen wollte. Ich hoffte natürlich, dass er sich für uns und die Familie entscheidet, und habe das noch lange glauben wollen. Er hat ja auch von Garmisch weiter den Kontakt zu uns gehalten, gegen den Willen der Kirche. Es war klar, dass auch das Folgen haben würde, und es ist der Kirche noch einmal richtig bitter aufgestoßen. Nach drei Jahren haben sie ihn dann erneut zu einer Entscheidung gedrängt: Familie oder Job.«

»Und? Er wollte sich wieder nicht entscheiden?«

»Genau, er hat weiter herumgeeiert und wollte den unauffälligen Weg gehen und am liebsten beides behalten.«

»Wie hat die Kirche reagiert?«

»Die haben deinen Vater immer wieder einbestellt, und weil kein klares Bekenntnis gegen uns kam, haben sie ihm einen neuen Arbeitsplatz angeboten, weit weg von Hausham und Garmisch, und dieses Mal auch weit weg von der öffentlichkeitswirksamen Gemeindearbeit. Er musste noch mal nach München, und dort hat man ihm nahegelegt, Gefängnispfarrer in Stadelheim zu werden oder Krankenhauspfarrer in Ebersberg. Das hat er mir so erzählt, und er hat sich schließlich für die Stelle in Ebersberg entschieden.«

»Und du, wie hast du darauf reagiert?«

Meine Mutter zuckt mit den Schultern.

»Geliebt und gehofft, liebe Veronika. Ich habe deinen Vater mit jeder Faser meines Herzens weiter geliebt und wirklich immer darauf gewartet, dass er sagt: ›Ich will nicht mehr länger von euch getrennt leben. Ich entscheide mich und gehe einen neuen Weg.‹«

»Was hat dir denn die Kraft für diesen langen Atem gegeben?«

»Die Liebe, nur die Liebe. Ich wollte ihn einfach nicht hergeben. Aber im Laufe der Jahre schwand mein Glaube an ein Happy End immer mehr. Der Papa windet sich eigentlich seit 19 Jahren heraus. Mittlerweile spürst du es ja auch …«

»Hast du ihm das alles jemals gesagt?«

»Viele Male, laut und leise, aber er ist mir immer die Antwort schuldig geblieben. Ich habe ihm nie ein klares Bekenntnis zu uns beiden abringen können.«

»Aus mangelnder Liebe? Meinst du, er liebt dich weniger als du ihn.«

»Kann sein«, murmelt sie. »Gefühle kann man ja nicht messen. Ich weiß es nicht. Aber ich vermute, dass es etwas anderes ist. Es ist die Liebe zum Amt und zur Kirche. Dein Papa ist gern Pfarrer. Du weißt, was er in Ebersberg alles macht: Er hat einen speziellen Abschieds- und Andachtsraum eingerichtet, die Kapelle ausgebaut, wunderbare Schnitzfiguren angeschafft und aus eigener Tasche bezahlt. Ich möchte nicht wissen, wie viele Patienten er dort durch schwierige Krisen führt und auch auf dem letzten Weg begleitet. Und er macht das mit Sicherheit richtig gut, da kannst du sicher sein.«

Mamas Augen leuchten jetzt, als sie vom Papa erzählt. Es ist keine Frage: Sie hat ihn wirklich geliebt und tut es auch heute noch, nur anders. Mittlerweile sind die ganz großen Gefühle erkaltet, weil sie zu oft enttäuscht worden ist. Doch tief im Herzen ist sie immer noch ganz nah bei ihm. Aber sie hat längst aufgehört, daran zu glauben, dass er jemals klar in seiner Haltung sein wird, und dieser Schmerz bohrt tief in ihrem Herzen.

Mit leiser Stimme erzählt sie weiter.

»›Der Josef, der kann nichts anderes‹, hat einmal ein befreundeter Bauer zu mir gesagt. Damals habe ich den Kopf geschüttelt, heute denke ich, dass er recht hatte. Es stimmt, der Josef kann nichts anderes, und vermutlich hatte er auch deshalb immer Angst, sein Amt aufzugeben. Er hätte Mühe, woanders so viel Geld zu verdienen. Und Geld ist ihm nun mal wichtig. Aber noch etwas spielt vielleicht eine noch größere Rolle. Er liebt nicht nur seinen Beruf mit jeder Faser seines Herzens, auch sein Glaube ist durch und durch echt. Er fühlt sich Gott verpflichtet, er kann sich nicht abwenden. Er fühlt sich auch uns verpflichtet, aber wenn es hart auf hart kommt, zählt er auf Gott. Er ist die stärkere Kraft, stärker als alles Irdische.«

Mamas Worte sind deutlich, aber nicht hart.

»Ich habe zu spät gemerkt, dass ich gegen diese Konkurrenz nicht ankomme. Das ist die Lektion meines Lebens.«

Ich nicke nachdenklich und verstehe, dass sich gerade ganz viel ändert. Die intensiven Gespräche mit meiner Mutter lassen meinen Vater in einem ganz neuen Licht erscheinen.

Früher als Kind stand er für mich auf einem Podest: groß, stark, mächtig, ein Held. Eine Vaterfigur wie aus dem Bilderbuch. Immer für alle da, immer bewundert und umgarnt. Ich habe sehnsuchtsvoll von ihm geträumt, ihn mir herbeifantasiert und ihn immer vermisst. Die wenige gemeinsame Zeit konnte meine tiefe Sehnsucht nach Nähe und väterlicher Liebe nicht annähernd stillen, und mein Herz trocknete regelrecht aus. Aber ich habe nicht ihm die Schuld dafür gegeben, sondern mir, und wäre fast daran zerbrochen.

Heute sehe ich alles differenzierter und meinen Vater kritischer. Er ist egoistisch, und es scheint ihm egal, ob es aufgrund seines Verhaltens zu »Kollateralschäden« kommt: meine Mutter und mich.

Dass er beruflich nicht mehr viel erreichen kann, hat man ihm ja unmissverständlich mitgeteilt, und er hat daraufhin nicht die Notbremse gezogen, sondern sich damit arrangiert. Er wollte unbedingt der »Herr Pfarrer« bleiben. Damit er nach wie vor sein Auskommen hat und sein Ansehen und seine »geliebte« Aufgabe nicht verliert. Nebenbei behält er aber auch noch eine Familie, die er besuchen kann, wenn er sich allein und einsam fühlt – und die ihm dann sogar noch den roten Teppich ausrollt und dankbar für jede Brosame an Zuwendung ist. Eigentlich hat er es nicht schlecht getroffen.

Papa ist ein überzeugter Christ, der sein Leben in Gottes Hand gegeben hat und mit inniger Hingabe glaubt. Pfarrer zu sein ist für ihn nicht nur ein Amt, es ist seine Berufung. Er will seinen Herrn nicht enttäuschen. Gut, ein paarmal hat er ihn gebeten wegzusehen. Er wird seine Sünden gebeichtet und um Vergebung gebetet haben. Aber aufgeben, sich lösen, der Kirche den Rücken kehren: Nein, das gibt es für ihn nicht. Er vertraut seinem Herrn, dass er den Schlawiner in ihm erkennt und ab und an vertrauensvoll ein Auge zurückdrückt.

Hinter ihm liegen jetzt zwei Jahrzehnte voller Spannungen, aber er versucht immer noch, wenn auch mit Schlenkern, seinen Weg zu gehen, fest an Gottes Hand.

Ganz anders ist es hingegen der Mama ergangen. Sie ist quasi die »Priestermörderin«, die an allem die Schuld hat und ohne Gottes Segen zurechtkommen muss. Sie konnte nicht einfach abhauen und sich entziehen. Sie musste der Situation standhalten, mit Hass und Ausgrenzung leben.

Ich erfahre in unserem Gespräch dann noch viele weitere traurige Details, die meinen Blick auf mein Umfeld lebenslang prägen werden. Mama nimmt kein Blatt mehr vor den Mund, verrät mir, dass einige der ach so lieben Mitmenschen von der Hotelchefin damals verlangt hätten, ihr zu kündigen. Man könne nicht eine Frau beschäftigen, die den Pfarrer verführt habe. Wie schäbig ist das doch! Zum Glück ist die Chefin eine starke Frau und hat das entschieden abgelehnt.

Später, in der Grundschule, musste meine Mutter zum Direktor, weil sich einige Eltern durch mich gestört fühlten. Der hatte sie deshalb eindringlich gebeten, mir klarzumachen, dass ich nichts mehr von meinem Vater erzählen solle. Man wollte, dass wieder Ruhe einkehrt und die ganze Sache nicht direkt zur Kirchenleitung nach München geht.

Im Dorf hat man ihr manches Mal »Pfaffenhure« hinterhergezischt und ihr in einem Verein gesagt, dass man »so« ein Kind nicht dulden könne.

Das war das Leben, das meine Mutter aushalten musste. Nicht die Priester müssen mit der angeblichen Schande leben, nein, sie bleiben im Schoße der Kirche, haben es wohlig warm und arrangieren sich mit ihrem Gott. Die Frauen und Kinder sind die Gestraften.

Es macht mich sehr wütend, dass ein paar bigotte und zugleich gehässige Frauen versucht haben, einer alleinerziehenden Mutter den Job und damit die Existenz zu entziehen, natürlich vorgeblich im Namen der Kirche. Schlimmer geht es nicht mehr.

Und ich, ich konnte mich sowieso nicht wehren. Ich war und bin das »Bankert«, das lebendige Zeugnis eines abtrünnigen

Geistlichen, der in den Köpfen der Gläubigen unbedingt ein ehrenwerter Mann bleiben muss.

Überlegt eigentlich jemand, was so eine Sichtweise mit einem Menschen macht? Wie soll man denn groß werden, wenn eine so mächtige Institution einem von klein auf vermittelt, nicht auf der Welt sein zu dürfen. Niemand fragt, was es mit uns Priesterkindern macht, wenn wir uns von klein auf verstecken und lügen müssen und wissen, dass wir am besten gar nicht auf der Welt sein sollten?

»Und was ist mit mir? Hat das Papa jemals interessiert?«, frage ich schließlich.

Mama nimmt meine Hand.

»Natürlich, meine Kleine, er konnte es nur nie wirklich zeigen.«

»Ach, Mama, du schummelst doch jetzt. Ein klares Nein wäre ehrlich. Denn wenn er das Beste für mich und dich gewollt hätte, dann hätte er sich auch für uns entschieden.«

Mama lächelt.

»Alles zugleich kann man nicht haben«, möchte ich ihm am liebsten um die Ohren hauen und fragen, was er jetzt fühle. Ob er mit sich im Reinen sei, und ob er noch einmal so handeln würde. Aber ich weiß, dass ich sowieso keine Antwort bekäme. Sich wegducken, ausweichen, ablenken, das ist der Weg, den er geht, mit der Sicherheit, Gott als Verbündeten zu haben.

Ich habe es verstanden, und wenn jemand dagegen aufbegehrt, wird er ruppig, sogar zu meiner Mutter, der Frau, die für ihn durch die Hölle gegangen ist und die er doch angeblich so geliebt haben will.

Ich habe traurige Szenen mitbekommen. Mein Vater fährt meiner Mutter häufig mehr als grob über den Mund und wird sehr verletzend. Er geht so weit, dass er ihr einfach abspricht, eine ebenbürtige Gesprächspartnerin zu sein. »Du hast keine Ahnung. Du hast nicht studiert«, sagt er gern und putzt sie damit weg wie ein Lappen den Schmutz.

Mein Vater nimmt sich von uns, was er gerade braucht. Und wenn er nichts braucht, sind wir Luft für ihn – und wenn wir das nicht hinnehmen, stutzt er uns zurecht.

Nein, ich träume nicht mehr. Ich will nicht mehr träumen.

Ich sehe nun alles glasklar.

Kapitel 8

130 qm Wohnfläche in Hanglage, mit einer schicken Galerie, Einbauküche, Balkon und Gartengrundstück. Dazu ein spektakulärer Blick über das Ilztal.

Ich stehe mit meinen Eltern im Wohnraum eines Neubaus und blicke begeistert über die Dächer des Örtchens Schönberg. Mein Vater hat meine Mutter und mich gebeten, mit ihm eine Woche in den Bayerischen Wald zu fahren.

Mir kam das sehr gelegen, denn ich kann gerade etwas Abwechslung und Entspannung gut gebrauchen. Ich bin nämlich wieder Schülerin und dieses Mal eine zufriedene und sehr engagierte. Alle Klassenarbeiten sind erstklassig gelaufen. Ich habe gerade die Versetzung gepackt, mit richtig guten Noten.

Seit einem Jahr besuche ich die Kinderpflegeschule im Berufsbildungszentrum in Miesbach. Während meiner langen Krankengeschichte hatte ich genug Zeit, mir eine Zukunft zu überlegen. Ich wusste schnell, dass ich etwas mit Kindern machen wollte, war aber unsicher, was.

Meine Mutter hatte dann von der Schule gehört und sie mir empfohlen. Ich wollte gern dort meinen Neustart versuchen, allerdings mit komplett offenen Karten. Die lange Zeit zu Hause hat mich noch sicherer gemacht. Ich war fest entschlossen, künftig weder zu lügen noch mich zu verstecken. Ich wollte in Zukunft weder meinen Vater noch meine Schulangst verschweigen und mit derselben Offenheit auch zu meinen Grenzen stehen.

Ich nahm mir vor, sämtliche alten Zöpfe abzuschneiden und mich neuen Herausforderungen zu stellen. Offen war nur, ob ich das auch packen könnte.

Ein Besuch in der Schule hat mich schließlich überzeugt. Obwohl ich mit großer Angst und wackligen Knien zur Schulleitung gegangen bin, war ich sofort positiv überrascht. Das Miteinander gestaltete sich komplett anders als an meinem alten Gymnasium. Die Direktorin, eine ungeheuer warmherzig auftretende Frau im Alter meiner Mutter, hat sich sehr engagiert mit mir unterhalten und schon im Kennenlerngespräch versucht, mir die Schulangst zu nehmen.

Diese sympathische, zugewandte Art tat mir gut, und ich habe mich sofort angenommen gefühlt. Klar war meine Angst damit nicht verflogen, und ich bin auch etwas unsicher geblieben, aber dank des Gesprächs ist mir zumindest ein großer Stein von meinem Herzen gefallen.

Und das war nur der Auftakt. Ich bin recht schnell wirklich gern zur Schule gegangen, habe dort Anschluss und Freundinnen gefunden und meine Ängste mittlerweile gut in den Griff bekommen.

Es ist schön, morgens ohne Magenkrämpfe aufzustehen und nicht in sich zusammengesunken im Schulbus nach Miesbach zu fahren, sondern aufrecht, innerlich wie äußerlich. Ich kann wieder freundlich, zugewandt und offen auf andere Menschen zugehen und bekomme das auch zurück. Wenn ich über den Schulflur gehe, werde ich nicht gehänselt, sondern fröhlich begrüßt. Lehrer lächeln mich an. Mitschüler sagen meinen Namen. Statt »blöde Kuh« und »Landei« nennt man mich Veronika. Es klingt vielleicht komisch, aber ich hatte vergessen, dass das eigentlich Normalität ist.

Mit der zunehmend guten Stimmung sind mir auch die

Haare wieder nachgewachsen. Auf den ehemals kahlen Stellen sprießen längst wieder volle Locken. Das alles führt dazu, dass ich wieder Lebensfreude und Mut verspüre. Und siehe da, dank des Pakets aus Wertschätzung und Zuversicht habe ich auch gute Noten, und mittlerweile kann ich wieder planen.

Wenn ich nächstes Jahr die Noten halte und auch noch gesund bleibe, mache ich später das Abitur nach und kann damit dann doch noch studieren, so wie es sich mein Vater immer für mich vorgestellt hat. Als Theologe mit Spitzenexamen kommt ja für ihn nichts anderes infrage. Aber es geht jetzt nicht mehr um ihn und die Frage, ob er enttäuscht ist. Es geht um mich!

Papa freut sich natürlich mit mir, zumindest sagt er das oft. Er kommt zwar immer seltener zu uns nach Auerschmied, höchstens noch einmal im Monat, aber wenn, dann fragt er nach den Schulerfahrungen und freut sich ehrlich, dass es endlich problemlos läuft und ein Happy End in greifbare Nähe rückt.

Unser Urlaub ist der erste seit zwei Jahren. Mein Vater hatte bislang keine Zeit, und ich fühlte mich nie so, dass ich mir eine räumliche Veränderung wünschte. Erst war es die Krankheit, die mich davon abhielt, zu verreisen, später die Schule. Ich wollte mich auf das konzentrieren, was war, und hatte kein Interesse an Neuem. Doch nun, wesentlich gefestigter und mit der Versetzung in der Tasche, ist es schön, wieder mal in Schönberg zu sein, zumal uns mein Vater eine Überraschung versprochen hat. Wir hatten keine Ahnung, was uns erwartet, aber jetzt wissen wir es.

Die Immobilie ist ein Traum, herrlich sonnig gelegen, trotzdem in Fußnähe zum Ortskern, funkelnagelneu und richtig schick. Ein in den Hang gebautes Haus auf drei Etagen. Wunderschön!

»Und? Wie findet ihr das hier?«, will Papa wissen. »Könnte das hier unser Zuhause sein?«

Solange ich denken kann, spricht mein Vater davon, im Bayerischen Wald seinen Altersruhesitz zu haben. Bei jedem unserer Urlaube in der Region Grafenau hat er davon erzählt, dass Mama und er hier alt würden, und Mama hat ihn immer ganz glücklich angestrahlt. Doch in den letzten Jahren reagierte sie immer verhaltener auf seine vollmundigen Ankündigungen. Sie hatte sich längst innerlich von ihm gelöst und ihm sowieso nicht mehr geglaubt, dass er das Versprochene umsetzt. Sie verspürte einfach keine Lust mehr, ein Leben in Warteposition zu führen.

Während ich begeistert »Es ist toll hier« rufe, reagiert meine Mutter auch weiterhin erstaunlich zurückhaltend. Sie wirkt so, als fühlte sie sich gar nicht mehr angesprochen. Ich vermute, Mama sieht diese gemeinsame Zukunft nicht mehr.

Aber Papa anscheinend umso mehr, denn er ist offensichtlich fest entschlossen, das Haus zu kaufen.

»Ich möchte im Alter hier leben. Hier wird es uns gut gehen«, sagt er lächelnd.

Uns? An was denkt er? Will er wirklich mit Mama hier leben? Und will sie das überhaupt noch?

Ich bin 20 Jahre alt und werde in den nächsten Jahren zunehmend auf eigenen Beinen stehen. Aber was wird aus meiner Mutter?

Gedankenverloren stehe ich gerade auf der Terrasse und blicke ins Tal, als er sich später zu mir stellt.

»Gefällt es dir wirklich?«, fragt er.

Ich bin beeindruckt, weil er mich ernst zu nehmen scheint. Er möchte meine Meinung wissen. Das macht mich ein kleines bisschen stolz.

»Was hältst du von der Zimmeraufteilung?«, hakt er nach. »Ich mag besonders den großen Wohnraum.«

»Und ich die Galerie. Die sieht so edel aus.«

»Du kannst es dir also für uns vorstellen?«

»Ja, sehr sogar. Ich finde das Haus wunderschön. Ist es teuer?«

»Das ist relativ. Aber darum kümmere ich mich ja. Doch komm, wir kehren erst einmal ein, essen etwas Leckeres, und dabei zeige ich euch die Pläne.«

Wenig später sitzen wir bei einer zünftigen Maß in einer idyllischen Gaststube in Grafenau und studieren die auf dem Tisch ausgebreiteten Grundrisse – und zum ersten Mal habe ich den Eindruck, dass wir als Familie planen.

Am nächsten Tag unterschreibt mein Vater dann wirklich den Kaufvertrag. Damit haben wir tatsächlich ein gemeinsames Heim. Ich habe mit vielem, aber nicht mehr damit gerechnet …

Zur Feier des Tages gehen wir richtig üppig essen. Papas Stimmung ist überschwänglich, Mamas dagegen verhalten. Entweder sie traut dem Braten nicht, oder sie hat wirklich das Interesse an ihm verloren und spielt nur notgedrungen mit, mir zuliebe.

Auf der Rückfahrt nach Auerschmied wirkt mein Vater gelöst wie selten. Er malt uns in bunten Farben aus, wie wir alle in Schönberg glücklich zusammenleben würden.

Und während Papa und ich uns schon die künftigen Wanderrouten überlegen, sitzt Mama schweigend neben uns.

Es ist klar, dass sie andere Pläne hat.

»Ich weiß nicht, ob ich eine gemeinsame Zukunft mit deinem Vater möchte«, sagt sie mir am Abend, als uns mein Vater wieder zu Hause abgeliefert hat. Und ich glaube, sie meint, was sie sagt, denn ihr Abschied von ihm war kühl.

Mama ist dabei, einen Schlussstrich zu ziehen.

*

Hurra! Ich habe mein Abitur in der Tasche! Mit den ersten Erfolgen auf der neuen Schule verdrängte zunehmender Optimismus schnell die Schulangst. Ich merkte, dass ich gar nicht so dumm war, wie ich mich oft gefühlt hatte, sondern den Schulstoff spielend verstehen konnte. Neben Deutsch und Sprachen allgemein lagen mir plötzlich auch Mathe und Chemie.

Dank der einfühlsamen Reaktionen der Lehrer bekam mein ramponiertes Selbstbewusstsein den nötigen Auftrieb. Ich schöpfte Mut, mir ein völlig anderes Leben aufzubauen, mit herzlichen Kontakten und Freundschaften. Anstatt mich in den Pausen irgendwo herumzudrücken, ging ich jetzt auch mit Freunden in die Stadt, saß mit einem Kaffee im Bistro, lachte mit Mädels und schäkerte mit Jungs.

Diese positiven Erfahrungen weckten den Ehrgeiz in mir, sodass ich nach dem Abschluss als Kinderpflegerin auch tatsächlich an der Berufsoberschule noch das Abitur anpeilte und sogar zur stellvertretenden Schülersprecherin gewählt wurde. Es lief plötzlich wie geschmiert.

Und so werde ich heute im Rahmen einer kleinen Feierstunde von der Direktorin mein Abiturzeugnis in Empfang nehmen. Aber bevor es so weit ist, sitzen Schüler, Lehrer und Eltern in einem feierlichen Schulgottesdienst, und das wirklich Spektakuläre ist, dass er von meinem Vater gehalten wird.

Für mich ist es wunderschön, und ich genieße die Anerkennung, die mir mein Vater damit ausspricht. Natürlich weiß offiziell niemand, dass der Pfarrer dort vorn, der jetzt eine inhaltsreiche Predigt über Neustart, Mut und die Kraft der Jugend hält, mein Vater ist, und darüber verliert er selbstverständlich auch kein Wort. Er hat mich und meine Mutter bis jetzt auch nicht länger angesehen, geschweige denn angesprochen. Aber gut, das wäre auch zu viel verlangt.

Doch zumindest ist er da, und dieses auf seine Art vorgenommene Bekenntnis zur Vaterschaft ist für mich schon ein riesengroßes Geschenk, das schönste, das man mir zum Abitur machen kann.

Als er nach der Messe mit festem Schritt durch die Kirche Richtung Ausgang geht, um sich draußen von den Gottesdienstbesuchern zu verabschieden, bleibt er sogar kurz bei uns stehen, begrüßt uns, natürlich ganz formal. Aber ich bin berührt. Für Außenstehende ist es vermutlich kaum vorstellbar, dass der eigene Vater auf so einer wichtigen Veranstaltung auftaucht, nette Worte sagt und wieder verschwindet, ohne ein persönliches Wort, eine Geste, eine Berührung. Doch er ist eben in diesem Teil seines Lebens inkognito unterwegs, niemand soll wissen, in welcher Verbindung wir zueinander stehen. Jede persönliche Reaktion könnte erneut die Kirchenleitung auf den Plan rufen. Und das will mein Vater vermeiden. Er fliegt mal wieder unter dem Radar. Eigentlich völlig absurd, aber für mich Normalität.

Diese Normalität hat allerdings etwas mit mir gemacht. Ich bin 21 und innerlich weit weg von diesem Mann und der Institution, die er vertritt.

Gleich wird er mit gewohnt sicherem Auftreten die Kirche verlassen. Ein Mann wie ein Baum, äußerlich selbstsicher und gewandt. Ein Mann Gottes, der Kirche, die das Gute verkörpert. Die für Nächstenliebe steht und für Ehrlichkeit. Und die hier einen Vater zwingt, sein Kind nicht einmal richtig anzusehen. Ich will das nicht mehr.

Später, als ich im Festsaal der Schule mein Zeugnis ausgehändigt bekomme, stehe ich auf dem Podest und strahle meine Mutter an, die im Foyer sitzt und sich verschämt die Freudentränen aus den Augenwinkeln tupft.

Mein Vater ist nicht dabei. Aber ich will nicht mehr weiter

über ihn nachdenken. Er hat heute gegeben, wozu er sich in der Lage sieht. Mehr vermag er nicht zu tun. Es ist gut so. Er kommt dann auch noch am nächsten Tag zu Besuch, gratuliert mir noch einmal persönlich und lobt meine guten Leistungen. Es ist eine sympathische Geste, für die ich mich artig bedanke. Auch für seine Predigt an meinem großen Tag, für die er allgemein Anerkennung bekommen hat, sage ich ihm danke.

Unsere Unterhaltung ist freundlich und respektvoll. Aber auch distanziert und nur noch wenig emotional. Vielleicht kann man sie als »sachlich vertraut« bezeichnen.

Mama setzt sich bei seinem Besuch nicht mal mehr dazu, sondern zieht sich schnell zurück. Angeblich muss sie zum Einkaufen. Sie hat genug von seinem »neutralen Verhalten«, wie sie es nennt, und sucht Abstand.

Es ist ihr Weg, die Situation anzunehmen. Ein Leben als Familie, davon träumt sie nicht mehr, im Gegenteil, sie lehnt es geradezu ab. Der Mann, den sie einmal so liebte – er hat ihr zu viel zugemutet.

Und das Haus? Die Frage stellt sich noch nicht. Papa hat es vermietet. Niemand muss jetzt irgendetwas entscheiden.

*

Mein Plan steht. Ich möchte Lehrerin werden und in Passau studieren. Das nahe gelegene München ist mir zu groß und zu hektisch, mit viel zu viel Schickimicki. Passau ist kleiner, und ich kenne es von früher und werde mich deshalb nicht fremd fühlen.

In den letzten Wochen habe ich auch ein paarmal mit meinem Vater über diverse Ausbildungs- und Studiengänge gesprochen. Wenn es nicht um strittige Themen geht, kann ich ganz gut mit ihm reden. Ich habe über alles Mögliche nachgedacht, an eine Ausbildung zur Heilpraktikerin genauso wie an ein Psychologiestudium. Da ich gern mit Kindern arbeite, fiel die Entscheidung schließlich für ein Lehramtsstudium.

»Das passt«, hat mich mein Vater ermutigt und mir von sich aus vorgeschlagen, dass ich in unserem Haus in Schönberg wohnen könne.

»Wir kündigen den Mietern, und du ziehst dort ein.«

»Allein auf 130 Quadratmetern? Das ist doch zu üppig!«

»Ja ich weiß, aber das Haus ist schlecht teilbar. Und ich möchte, dass du dich wohlfühlst.«

Mein geiziger Vater überlässt mir jetzt seine Traumimmobilie? Was soll das denn heißen? Aber ich komme gar nicht dazu, lange das Haar in der Suppe zu suchen, denn er plant sofort weiter.

»Ich habe auch eine Idee: Damit uns die Kosten nicht über den Kopf wachsen, suchst du dir eine Kommilitonin, die etwas Miete zahlt.«

Ich bin kurz baff, besonders weil er »uns« sagt.

»Damit ›uns‹ nicht die Kosten über den Kopf wachsen.« Ich bin sprachlos, dann aber richtig glücklich. Die Idee mit Schönberg ist natürlich grandios. Ich lebe dann fürstlich in einem schicken Neubau. Mein Vater will sogar für die Nebenkosten aufkommen und mir zusätzlich ein kleines Taschengeld von 200 Euro bezahlen. Es ist das erste Mal, dass er so deutlich finanzielle Verantwortung für mich übernimmt. Besser kann ich es nicht treffen.

Und er geht sogar noch einen Schritt weiter und bietet mir an, mir den Führerschein zu bezahlen.

»Dann bist du freier, und von deinem ersten Geld kannst du dir ein Auto kaufen«, malt er mir schon die Zukunft aus.

Eigentlich sollte ich mich jetzt freuen, aber ich schüttle nur den Kopf. Autofahren ist nichts für mich, so habe ich es von Anfang an gesehen. In der Schule habe ich häufig mitbekommen, wie begehrt die Fahrerlaubnis war. Sie galt als Eintrittskarte ins Erwachsenenleben. Jeder wollte so schnell wie möglich mit dem »Lappen« wedeln, und wenn es geschafft war, brausten alle mit großer Begeisterung und stolzgeschwellter Brust auf den Schulparkplatz.

Gut, ich habe damals schon wegen der Kosten nicht darüber nachgedacht. Mama hätte mir das nie bezahlen können. Danach war die Schule wichtiger, und heute weiß ich, dass ich kein Interesse habe. Ich fahre mit jemandem mit oder nutze Bus und Bahn. Autofahren ist keine Option für mich.

Als ich Papa das sage, sieht er mich verständnislos an. Er ist ein leidenschaftlicher Autofahrer, zwar in meinen Augen ein ziemlich unkonzentrierter, aber egal, er liebt es. Mama dagegen hat Autofahren immer gehasst. Für sie ist es nur ein notwendiges Übel. Und ich? Ich fange es erst gar nicht an.

Er versucht noch eine Zeit lang, mich zu überzeugen. Aber ich lenke nicht ein. In dem Punkt sind wir uns ähnlich. Ich habe seinen Dickkopf geerbt.

*

Der so gut vorbereitete Neustart in Niederbayern ist dann für mich überschattet von der Trennung von meiner Mutter. Gut, ich bin 22 Jahre alt und längst flügge. Aber ich liebe meine Mutter und bin gern mit ihr zusammen. Es fällt mir schwer, sie zurückzulassen.

Obwohl sie mir nie das Gefühl gibt, ohne mich einsam zu sein, fühle ich mich in Passau bzw. Schönberg ohne sie nicht wirklich wohl. Unsere in all den Jahren gewachsene Beziehung ist einfach zu eng. Ich hatte immer nur sie und will nicht ohne sie sein.

Zudem gelingt es mir nicht, Anschluss zu finden. In Miesbach am Berufsbildungszentrum beispielsweise war der Personenkreis überschaubar. Ich hatte meinen Klassenverband, mit dem sich langsam ein vertrautes Miteinander entwickelte.

Aber die Universität in Passau ist ziemlich groß: Ich bin hier nicht integriert in eine Gruppe von 20 jungen Leuten, sondern tauche ein in eine Masse von mehreren Tausend Menschen unterschiedlichen Alters. Das macht mir Angst und mich entsprechend unsicher. Ich fühle mich fremd und anonym, und es passiert, was ich schon so oft erlebt habe: Ich empfinde mich als zurückgewiesen, abgelehnt, ungewollt. Meine soziale Angst hat mich nicht mehr so fest im Griff, aber sie legt mir wie eine enge Verwandte immer mal wieder den Arm um die Schulter und hält mich gefangen, zumindest vorübergehend.

Wie schon mein ganzes Leben lang gelingt es mir nach wie vor nicht, wirklich offen auf Menschen zuzugehen und selbstbewusst schnell Kontakte zu knüpfen.

Ich ducke mich oft weg, wenn mich auch nur der Hauch des Abgelehntwerdens streift. Ich bin es einfach gewohnt, mich zu verstecken und mich unsichtbar zu machen, es fällt mir schwer, aus der Dunkelheit ins Licht zu treten, zumindest im Moment noch.

Mit dieser inneren Haltung bleibe ich in Passau allein und fühle mich schnell einsam.

Mit Melanie, der Kommilitonin, die ich mir über eine Anzeige gesucht habe, verbindet mich auch nur das WG-Leben. Sie ist das genaue Gegenteil von mir, extrovertiert, kontaktfreudig, viel unterwegs. Sie kommt zum Schlafen und Duschen, aber unternimmt nichts mit mir, weil wir einfach wenig miteinander anfangen können. Wir bleiben uns fremd.

Da sie wenig Miete zahlt, vermute ich, dass sie nur wegen der günstigen schicken Wohnung hier lebt. Ich fühle mich deshalb nicht nur abgelehnt, sondern auch ein bisschen ausgenutzt und ziehe mich dementsprechend noch mehr zurück. Wer letztlich Schuld hat, dass unser WG-Leben immer zickiger und belastender wird, kann ich gar nicht sagen. Vielleicht liegt es an mir, weil ich nichts anderes erwarte, vielleicht ist es ja eine vielbeschworene »self fulfilling prophecy«.

Insgesamt fühle ich mich in meinem neuen Leben so unwohl, dass ich jede Gelegenheit nutze, wieder zurück nach Auerschmied, in mein gewohntes sicheres Nest, zu fahren. Hier fühle ich mich warm und geliebt und, wie bereits mein ganzes Leben lang, vor der Welt da draußen geschützt.

Ich fahre schon am Donnerstagabend nach Hause und kehre erst am Dienstag wieder nach Schönberg zurück. Da ich nach wie vor keinen Führerschein habe, pendle ich mit Bus und Bahn und bin viele Stunden unterwegs. Ich ahne schnell, dass ich so mein Studium nicht packen kann, und werde unruhig. Ich stecke mal wieder in einer Abwärtsspirale fest. Der kurze Hype während der letzten Schuljahre hat einen kräftigen Dämpfer erhalten.

Die Rettung kommt dieses Mal dann von außen.

»Veronika, hier, lies das. Ich könnte nur noch heulen«, sagt mir meine Mutter bei einem Wochenendbesuch in Auerschmied und legt mir einen Briefumschlag hin. Als ich ihn öffne, stockt mir der Atem. Es ist die Kündigung! Wir verlieren unsere Wohnung, mein Zuhause, mein sicheres Nest.

Alois, der Eigentümer, ist verstorben. Die Erben wollen am Haus die dringend nötigen Renovierungen beginnen und möchten das Haus »entmieten«. Ich bin zutiefst erschüttert. Ich verliere damit meinen Rückzugsort und fühle mich im selben Moment bereits heimatlos und ausgeliefert.

Auch Mama ist sichtlich am Boden zerstört. Sie lebt seit fast 25 Jahre hier und hat Tränen in den Augen.

»Jetzt muss ich komplett von vorn beginnen«, schluchzt sie und sieht verzweifelt aus dem Fenster. »Dieser Weiler ist mein Zuhause, ich weiß nicht, wohin ich jetzt soll.«

»Aber ich«, antworte ich schnell und habe die Lösung für alle Probleme parat. Denn gerade ist es mir wie Schuppen von den Augen gefallen. Es gibt einen Weg, mit dem wir beide glücklich werden.

»Wir brechen unsere Zelte hier ab und ziehen nach Schönberg«, sage ich mit überschwänglicher Begeisterung. »Dann entfällt bei mir die lästige Pendelei, ich bin die doofe Mieterin los, und wir beide sind zusammen und sparen uns die Miete, was uns finanziell auch guttut.«

Ich bin so unendlich froh über meinen Geistesblitz und nehme Mama erleichtert in den Arm.

»Aber will das denn dein Vater?«, gibt sie zu bedenken.

»Ja klar will er das. Das Haus hat er doch für uns gekauft«, nehme ich ihr sofort den Wind aus den Segeln.

»Ach, Veronika, so gut verstehen wir uns ja nicht mehr.«

»Aber noch gut genug. Ich denke, dass er einverstanden ist. Dann sind wir beide schon einmal da, und wenn er kommen mag, ist das Haus groß genug für uns drei.«

Ich bin so überzeugt von dieser Lösung, dass ich voller Freude weiterplane.

»Ich spreche erst mit Papa und dann mit Melanie. Ich möchte, dass sie so schnell wie möglich auszieht. Ach, Mama, ich freue mich so«, juble ich und drücke meine Mutter schon wieder ganz fest.

Ich habe mit meinem Umzug nach Schönberg nur ein bisschen Veränderung geschnuppert und nicht die beste Rolle dabei gespielt. Aber zusammen mit Mama werde ich es jetzt beim zweiten Versuch schaffen und all das Dunkle der letzten Jahre komplett hinter mir lassen. Dieser Umzug ist der längst fällige Schlussstrich unter mein bisheriges Leben. Ich werde endlich alles hinter mir lassen und ganz von vorn anfangen. Allein ist es mir nicht gelungen. Ich brauche den Menschen an meiner Seite, dem ich alles verdanke, der mir bedingungslose Liebe gibt und mich damit stark macht. Gemeinsam schaffen wir es, die Schatten der Vergangenheit endgültig loszuwerden. Das »Flittchen« und der »Bankert«, sie starten jetzt neu durch, in ein Leben mit Achtung, Respekt und Wohlwollen.

In Schönberg wird niemand hinter uns hertuscheln, uns ausgrenzen oder sonst irgendwie verletzen. Ich freue mich auf unseren Umzug. Es ist der richtige Schritt in eine bessere, freiere Zukunft.

An diesem Abend spreche ich noch lange mit meiner Mutter. Sie ist verständlicherweise unsicher, ob der Umzug nach Schönberg der beste Weg ist. Aber als wir am Abend zu Bett gehen, wirkt auch sie heiter und zufrieden. Ich bin sicher: Sie fühlt wie ich.

Am nächsten Morgen rufe ich meinen Vater an, und er reagiert genau wie erwartet. »Das ist eine gute Idee, Veronika. Dann seid ihr zusammen. Ich finde das richtig so.«

*

»Zurück? Nie wieder!« Als Mama diesen Satz sagt, packen wir gerade unsere Kartons.

Der Umzug läuft wie am Schnürchen. Wir verabschieden

uns bei den wenigen Nachbarn, mit denen wir uns gut verstehen. Mama hat kurz Tränen in den Augen. Ich unterdrücke sie. Wir geben unser Leben auf, das stimmt, aber es kommt ein besseres, ich weiß es. Kaum setzt sich der Umzugswagen in Bewegung, fällt die Last vieler Jahre von uns ab.

Wir fahren mit unserem Auto hinterher, und mit jedem Kilometer wird unser Herz leichter, fast schon beschwingt. Wir lieben unseren Weiler, keine Frage, aber wir haben so viel Schlimmes dort erlebt. Das wollen wir vergessen, und nirgends geht das besser als in einer neuen Umgebung.

Anfangs sitzen wir etwas kleinlaut nebeneinander, fragen uns, ob alles erledigt ist, was fehlt, ob alle Schlüssel abgegeben sind. Aber dann löst sich die Anspannung ganz schnell. Ich stelle das Radio an. Mama summt die Melodien mit und nimmt meine Hand.

»Es war toll, dass du auf diese Idee gekommen bist. Ich bin so froh und fühle mich wieder richtig jung. Ich danke dir. Weißt du, nach all dem ganzen Mist liegen jetzt wirklich schöne Jahre vor uns. Los, lass uns starten!«

Als wir vor dem Haus in Schönberg parken, wird deutlich: Wir sind angekommen. Wir fühlen uns so heiter und gelöst wie schon lange nicht mehr, stürzen uns voller Elan in die Einrichtung des Hauses und schaffen uns ein wunderbares Heim, das wir mit ganzem Herzen lieben.

Papa übernimmt auch weiterhin alle Kosten und kommt ein-, zweimal im Monat zu uns, um Familienleben zu haben.

Meine Mutter macht keinen Hehl daraus, dass das für sie nicht unbedingt die große Freude ist, aber sie ist auch dankbar, dass er uns das alles hier ermöglicht, und geht weiter aufmerksam und zugewandt auf meinen Vater zu, was man von ihm umgekehrt nicht immer sagen kann.

Bei den Besuchen zeigt sich immer wieder, dass er nach wie vor ein recht cholerischer Poltergeist sein kann, aber wir geben uns alle drei Mühe, miteinander auszukommen, und es gelingt uns insgesamt gut.

»Wie läuft das Studium?«, ist immer eine seiner ersten Fragen, wenn er nach zwei Stunden Autofahrt in der Tür steht und sich auf Mamas gutes Essen freut.

Wir spielen dann, wie seit nunmehr einem Vierteljahrhundert, weiter heile Familie, und das läuft eigentlich immer gleich ab: Wir essen zusammen. Papa erzählt von seiner Arbeit im Krankenhaus, und wir hören zu, und irgendwann setzen wir uns gemeinsam vor den Fernseher und sehen uns Tierdokumentationen und Reisefilme an. Dann geht jeder in sein Zimmer, meine Eltern schlafen längst getrennt, und am nächsten Morgen kommt der obligatorische Spaziergang, auf dem Papa weiter von seiner Arbeit erzählt und wir wieder zuhören. Seit meiner frühesten Jugend sind wir regelmäßig im nahe gelegenen Nationalpark unterwegs.

Der »Nationalpark Bayerischer Wald« ist eine echte Sehenswürdigkeit. Auf Wunsch der Politik sollte es ein »Urwald für unsere Kinder und Kindeskinder« sein. Das hat geklappt. Für mich ist jeder Besuch dort ein ganz besonderes Erlebnis, denn hier gilt das Motto »Natur Natur sein lassen«, das heißt, der Mensch greift weitestgehend nicht ein.

»Ein Paradies«, schwärmt mein Vater immer, und in dem Punkt sind wir zu 100 Prozent einer Meinung. Es gibt wunderbare Bergmischwälder aus Tannen, Buchen und Fichten, Hochmoore und Moorseen und sogar Urwaldreste. So geschützt kann sich auch in der Tierwelt eine einmalige Artenvielfalt entwickeln. Es gibt hier den selten gewordenen Luchs, Fischotter, Auerhühner und Habichtskäuze und viele Tiere mehr, die in einem geschützten Umfeld leben.

Wir besteigen bekannte Gipfel, zum Beispiel den Großen Rachel und den Lusen und sind so bergfit, dass wir die meisten anderen Wanderer spielend hinter uns lassen.

Unsere Touren machen mir Spaß, zumindest so lange, wie kein unbequemes Thema auftaucht und die oberflächlich heile Familienidylle platzen lässt. Unbequem ist alles, womit Papa sich nicht auseinandersetzen will: seine Unzuverlässigkeit, wenn es um Planungen geht, das Verleugnen seiner Familie, die er nur zeigen mag, wenn keine Gefahr droht, eigene Vorhaben, bei denen er nicht mitentscheiden kann. Wenn so etwas auf den Tisch kommt, wird er mehr als unwirsch, oft auch verletzend.

Aber Mama und ich sind trainiert, solche Situationen zu vermeiden und unseren Familientag unauffällig dahinplätschern zu lassen.

Nur über mein Studium können wir unkompliziert sprechen. Papa stellt Fragen, und das ganz gezielt: »Was gefällt dir und was nicht?«, »Welche Seminare liegen dir und welche nicht?«, »Wie kommst du voran, und was planst du als Nächstes?«

Ich unterhalte mich gern mit ihm darüber. Er ist ein kluger Gesprächspartner und meint es gut mit mir, will, dass ich vorankomme.

»Ich kann es kaum abwarten, dich einmal vor einer Klasse zu erleben«, sagt er gern und arbeitet auch mit mir an meinem Auftreten. »Wichtig ist die Haltung, die innere und die äußere«, sagt er und erklärt mir, wie ich stehen solle, um mich meinen künftigen Schülern gut zu präsentieren. Wenn er dann im Wohnzimmer zeigt, wie man posiert, ist die Stimmung häufig richtig gut. Wir lachen, albern, scherzen. Papa nippt an einem Wein, im Hintergrund läuft Musik, und unser Miteinander ist gelöst, ja, auch das gibt es.

Ich bleibe auch hierbei immer bei der Wahrheit und mache

keinen Hehl daraus, dass mir mein Studium nicht zu einhundert Prozent zusagt. Ich empfinde den thematischen Aufbau als nicht ausreichend zielgerichtet und vermisse vor allen Dingen Praxiserfahrung. Wir werden sehen, wie es weitergeht. Aber ich fühle mich insgesamt an der Uni wohl, habe es mittlerweile geschafft, einen kleinen, lockeren Freundeskreis aufzubauen. Zudem bin ich gern in Passau, mag die Atmosphäre der Stadt mit den kleinen Gassen und niedlichen Lokalen und auch die Anonymität. Niemand fragt, wer man sei und ob man den oder den kenne. Es interessiert nicht, und diese Freiheit ist schön.

Auerschmied ist weit, weit weg. Es klingt so komisch, aber ich vermisse nichts, wirklich nichts.

Meiner Mutter geht es übrigens ähnlich. Seitdem sie ihren Wagen vor unserem Haus abgestellt hat, ist sie nie wieder nach Auerschmied gefahren. »Das ist Vergangenheit«, sagt sie knapp.

Mama ist eine starke und positive Frau. Beides liebe ich an ihr.

*

»Sie möchten was … einen Film drehen, mit uns?«

Ich bin überrascht. Am Telefon ist eine Journalistin, die das Thema »Priesterkinder« bearbeiten möchte.

Meine Neugier ist geweckt, und ich stelle viele Fragen. Mittlerweile bin ich 26 Jahre alt und doch deutlich selbstbewusster. Ich habe mir genug gefallen lassen in meinem Leben und weigere mich seit damals, als ich mich an der Pflegefachschule angemeldet habe, jemals wieder das Opfer zu sein. Bis jetzt hat es geklappt! Ich habe mich erfolgreich freigekämpft und verstecke mich nicht mehr. Jeder kann wissen, wer mein Vater ist. Ich verschweige und leugne nichts mehr.

»Klar, warum nicht«, sage ich schließlich und will nun auch diesen großen Schritt in die Öffentlichkeit wagen. Es gibt vermutlich viele Hundert Priesterkinder in Deutschland. Aber wir erreichen nichts, wenn wir nicht endlich sprechen und zu unserer Existenz stehen. Die meisten trauen sich jedoch nicht aus der Deckung. Ich aber bin bereit!

Was nur wenige wissen: Meine Mutter hat schon 1985 ihre Geschichte einer Autorin erzählt. Damals anonym, aber sie berichtete mir später, wie wichtig es für sie gewesen sei, sich ihr Schicksal von der Seele reden zu können. Auch mein Vater hat damals davon gewusst, doch wie immer geschwiegen. Ich bin mir allerdings sicher, dass ihm Mamas Mut gefallen hat.

Und ich mache jetzt auch mit, aber nicht anonym. Man kann mich sehen und soll meinen Namen wissen. Es gibt nichts, dessen ich mich schämen müsste. Natürlich erfährt dann die Welt, wer mein Vater ist. Na und, es ist doch die Wahrheit. Und was soll ihm schon passieren? Die Kirche hat ihm doch bereits jedes weitere Fortkommen verbaut. Er steht seit mehr als 20 Jahren auf dem pastoralen Abstellgleis und hat eigentlich nichts zu befürchten.

Und so reagiert er dann auch, als ich ihm von meinem Vorhaben berichte: gleichgültig, desinteressiert. »Ja mei, dann mach das halt«, ist alles, was er zu sagen hat. So ist er eben, mein Vater!

Als das Drehteam Wochen später in Schönberg vor der Tür steht, bin ich nicht einmal mehr aufgeregt. Ich freue mich, meine Geschichte erzählen zu können, denn ich habe große Pläne. Ich möchte, dass wir Priesterkinder uns organisieren, mit einer Stimme sprechen, Aufmerksamkeit bekommen.

Denn die Priesterkinder sterben ja nicht aus. Im Gegenteil. Es kommen immer neue dazu, und denen kann ich vielleicht ersparen, genauso leiden zu müssen wie ich. Deshalb ist es richtig und wichtig, dass wir erwachsenen Priesterkinder uns zeigen und auf die Probleme hinweisen. Gerade was die rechtlichen Aspekte betrifft, liegt ganz viel im Argen. Ein einzelnes Kind schafft es nicht, aber eine größere Gruppe kann durchaus etwas erreichen: geregelten Unterhalt, eine Hinterbliebenenversorgung, Witwengeld. Es gibt so viel, was es nicht gibt.

Der Film macht schließlich Furore. Ich bekomme Einladungen in Talkshows und gebe Interviews am Telefon. Und jedes Mal frage ich meinen Vater, was er darüber denke und wie er dazu stehe. Es wäre jetzt der Moment, sich auszutauschen, sich zusammenzusetzen und endlich offen zu sprechen.

Ich weiß nicht, wie oft ich versuche, mit meinem Vater zu reden. Aber er bleibt mir jede Antwort schuldig. Er schafft es, wirklich nichts zu sagen.

Bis ich dann endlich aufgebe.

Übrigens wenig später auch mein Engagement in dieser Sache. Denn während ich quasi zur Galionsfigur der Priesterkinderbewegung werde, gemeinsam mit einer anderen Betroffenen eine Webseite ins Leben rufe und Pressefragen beantworte, bleiben fast alle anderen in der Deckung. Sie haben Angst, und so lässt sich nichts bewirken. Zur großen Bewegung, einem gemeinschaftlichen Protest kommt es nicht. Die Kirche und die Gesellschaft machen alle Betroffenen nach wie vor mundtot.

Kapitel 9

Volltreffer! Als ich den Brief der Verwaltung des Nationalparks öffne, traue ich meinen Augen kaum. Ich bin dabei! Unfassbar!

»Mama, sie nehmen mich, ausgerechnet mich«, juble ich und falle meiner verblüfften Mutter selig um den Hals.

»Ich freue mich so«, murmle ich weiter und kann kaum glauben, dass es wahr ist. »Ich werde Waldführerin in unserem Nationalpark, Mama, für mich wird ein Traum wahr.«

Vor einiger Zeit habe ich eine Blindbewerbung an die Parkverwaltung geschickt, aber kaum damit gerechnet, dass sie erfolgreich sein wird. Ein Busfahrer hatte mich auf einer meiner langen Fahrten zur Passauer Uni auf die Idee gebracht, weil er von einer Bekannten erzählte, die als Waldführerin arbeite. Die Geschichte hat mich nicht mehr losgelassen. Den ganzen Tag im Wald unterwegs zu sein, sympathischen Naturfreunden wertvolles Wissen zu vermitteln, Schulklassen mit der Natur vertraut zu machen und dafür noch ein bisschen Geld bekommen, das passt zu mir wie eine perfekt geschnittene Jacke. Ich war rundum begeistert.

Doch dann hatte ich gelesen, dass sich Jahr für Jahr zahllose Menschen für den Kurs bewerben und gerade mal 10 Prozent genommen werden.

»Gute Beziehungen sind bestimmt hilfreich«, hat mir eine Bekannte gesagt. Danach habe ich innerlich aufgegeben. Denn ich bin ja eine »Zugereiste«, die bestimmt keiner haben will.

Und jetzt das. Ich kann starten. Ohne Beziehungen, als oberbayerisches Priesterkind, na, wenn das kein Zeichen ist …

*

Ich bin in meinem Element: Mein Ausbildungsplatz ist im Wald! Besser hätte es nicht kommen können. Wir sind eine Gruppe von 30 Teilnehmern, Männer und Frauen, altersmäßig gemischt. Der Jüngste ist knapp über 20, der Älteste knapp über 50.

Ich habe insgesamt zwei Wochen lang durchgängig Seminare und lerne trotz meiner vielen Vorkenntnisse noch enorm viel. Der Unterricht ist in der Regel tagsüber, aber ich habe auch Abendkurse. Die Ausbildung bezieht sich auf die verschiedenen Bereiche des Nationalpark, des Tierfreigeheges und der Besuchereinrichtungen. Unsere Ausbilder unternehmen Exkursionen und halten Vorträge. Wir erkunden unter fachlicher Führung auch viele Teile des Waldes.

Das Seminar findet im April und Mai statt, und nach einem langen und äußerst schneereichen Winter machen wir während der Kurstage tatsächlich noch ausgedehnte Schneeschuhtouren im Gelände. Zum Teil liegt der Schnee noch meterhoch. Es ist faszinierend, dass trotzdem die Buchen schon kräftig austreiben. So stapfen wir tapfer durch das winterliche Weiß, und über uns erheben sich die Buchen bereits im hellgrünen Frühlingskleid. Ein unvergessliches Erlebnis. Wir frieren an den Füßen und schwitzen in der warmen Frühlingssonne – und bilden schnell eine eingeschworene Gemeinschaft, deren Mitglieder sich gegenseitig über umgestürzte Bäume helfen und aus Schneewehen befreien.

Nach jedem ereignisreichen Tag gehe ich innerlich erfüllt

nach Hause, mit einem dicken Packen Schulungsunterlagen, die ich noch ganz in Ruhe durcharbeite.

Am Schluss erwartet mich eine 90-minütige praktische Prüfung: eine Probeführung mit einem Thema meiner Wahl. Ich stelle Elemente einer meditativen Wanderung durch den Frühlingswald vor. Wegtafeln mit Aphorismen, Wasserrauschen als Begleitmusik, beruhigende Ausblicke.

Ich bin dabei rundum glücklich, denn ich spüre, dass der Wald der Ort ist, an den ich gehöre. Er hat mir mein ganzes Leben lang Schutz und Kraft gegeben. Ich weiß nicht, wo ich heute wäre, wenn ich die Kraft des Waldes nicht für mich entdeckt hätte. Und jetzt ist er bald mein Arbeitsplatz. Besser hätte es nicht kommen können.

*

»Herzlichen Glückwunsch zur bestandenen Abschlussprüfung, liebe Frau Egger, haben Sie einen Moment?«

Ein führender Mitarbeiter der Parkverwaltung steht vor mir, und natürlich habe ich Zeit.

Heute ist mein letzter Tag, und ich fühle Wehmut in mir aufsteigen. Gleich bekomme ich mein Zertifikat als Nationalpark-Waldführerin und bin schon ein kleines bisschen stolz. Ich habe nicht zu viel pauken müssen. Vieles wusste ich schon, da ich ja gefühlt mein halbes Leben im Wald verbracht habe und mit meiner Mutter eine wunderbare Lehrerin hatte. Aber nach diesem gelungenen Lehrgang fühle ich mich dem Wald vertrauter denn je. Es erfüllt mich, dass ich mich hier nun so gut auskenne und hoffentlich auch ein bisschen von der Herzenswärme, die ich erfahren habe, an die Besucher zurückgeben kann, wenn ich übernommen werde.

»Ich möchte Ihnen ein Angebot machen«, sagt der sympathische Mann lächelnd. »Haben Sie Lust, in unser Waldführer-Team einzusteigen und im Tierfreigelände Führungen zu veranstalten? Vor allem für Schulklassen hätten wir Bedarf an ehrenamtlichen Waldführern!«

Ich muss nicht überlegen.

»Und ob«, sage ich spontan und ahne im selben Moment, dass das mit meinen Vorlesungszeiten an der Uni kollidieren wird. Aber meine innere Stimme sagt ganz klar: Ich bin dabei! Denn was mich erwartet, ist genau das, was mich glücklich macht!

Obwohl auch etwas Furcht mitschwingt. Ich bin anderen – mir unbekannten – Menschen gegenüber nach wie vor manchmal unsicher, und wie würde es sein, wenn ich größere Gruppen führen muss? Wie, frei zu sprechen mit dem Ziel, Menschen zu fesseln? Und wie, wenn jemand unzufrieden ist, herumstänkert und die ganze Gruppe gegen mich aufwiegelt?

Einen Moment lang bereue ich meine augenblickliche Zusage. Wie viel leichter wäre es jetzt, wenn ich mich einfach wieder in mein Schneckenhaus zurückziehen könnte …

»Bequemer? Ja! Aber nicht sinnvoll und zukunftsweisend«, sagt mir am Abend meine Mutter, als ich ihr am Esstisch von dem Angebot und meinen Zweifeln erzähle.

»Ich bekomme auch nur eine Aufwandsentschädigung. Soll ich das trotzdem machen?«

Mama lächelt. »Du möchtest kneifen, dich einigeln, aber das gibt's nicht mehr. Du hast angefangen, dich freizuschwimmen. Mach weiter damit. Rückzug ist Vergangenheit. Du kannst das. Ich bin ganz sicher.«

»Ich weiß nicht, ob ich mich wehren kann«, erkläre ich offen meine Zurückhaltung. »Was ist denn, wenn ich wieder angegriffen werde, so wie damals in der Schule. Ich habe Angst, dass dann alles von vorn beginnt, ich vielleicht sogar wieder krank werde und mir die Haare ausfallen.«

Mama sieht mich durchdringend an.

»Veronika, das ist vorbei. Das passiert dir nie wieder. Du bist heute viel stärker als damals. Du musst dich nicht fürchten. Und die Leute, die den Wald kennenlernen wollen, sind in der Regel friedlich gestimmt. Es kommen keine Bestien wie diese aufgekratzten, eingebildeten Jugendlichen. Du musst es machen, und, glaube mir, du wirst gewinnen.«

Mama trifft den richtigen Ton und macht mir damit Mut.

*

Keine zwei Tage später sitze ich im Bus und bin auf dem Weg zum Park. Am Besucherzentrum wartet eine bunt zusammengewürfelte Gruppe auf mich. Eigentlich müsste ich mich freuen, aber ich starte meine erste Führung an diesem Vormittag mit heftigen Magenschmerzen. Es ist komisch für mich, durch den Parkeingang zu gehen und zu wissen, dass ich gleich 20 Leute begleiten, informieren, beaufsichtigen und notfalls auch ermahnen muss. Es gibt ja nicht nur die Natur, sondern auch ein Regelwerk, um die Tiere und Pflanzen nicht zu gefährden.

Ich habe ein eher unsicheres Naturell. Gut, ich kann das geschickt verbergen. Aber was ist, wenn jemand hinter die Kulissen sieht und mein im Laufe der Jahre mühsam geschnürtes Korsett des Selbstbewusstseins kläglich aufgesprengt wird?

»Lass dich nicht zu dem machen, was andere wollen!«, hat mir mein Vater einmal gesagt. Ich weiß noch genau, wann es war. Er kam damals von einem Termin beim Schuldirektor, um zu besprechen, wie man das Mobbing in den Griff bekommt, und hat mir vermitteln wollen, dass ich gut bin, wie ich bin, und dass es reicht, wenn ich an mich glaube.

Komisch, seine Sätze haben mich damals nicht erreicht. Ich hatte mir schon einen viel zu dicken Panzer zugelegt, an dem alle gut gemeinten Ratschläge abprallten. Doch heute bin ich stabiler und will mir ein Leben aufbauen, in dem ich dauerhaft stark und zuversichtlich bin.

Und es klappt. Ich bestehe meine Feuertaufe mit Bravour. Neben dem vorgegebenen Programm habe ich auch Zeit, individuelle Fragen zu beantworten, und Muße, mit einigen der Teilnehmer Gespräche zu führen. Ich suche den persönlichen Kontakt, frage, woher sie kämen, ob sie Urlaub machten oder auf der Durchreise seien, und höre mir geduldig die eine oder andere Lebensgeschichte an, natürlich in Kurzform, aber ich will eben nicht nur die Gruppenleiterin sein, sondern die Veronika – und ein Gesicht haben.

»Das hat Spaß gemacht, danke!«, sagt mir zum Schluss der zweistündigen Führung eine ältere Frau, die aus Stuttgart angereist ist, und drückt mir ein üppiges Trinkgeld in die Hand. Ein junger Mann, der Biologie studiert, lobt sogar öffentlich meine Fachkenntnis. Ich bedanke mich freundlich, aber äußerlich gelassen, bin insgeheim jedoch richtig stolz.

Als ich an diesem Tag nach Hause fahre, fühle ich mich gut und sehe meine Zukunft klar vor mir. Ich mache das hier weiter. Es ist »mein Ding«. Ganz anders als mein Studium, das längst nicht mehr meine Berufung ist. Ich druckse herum, wenn mich jemand nach den Fortschritten oder gar einem Abschluss fragt, und bin auch immer seltener an der Uni. Ich finde einfach keinen wirklichen Zugang zu meinem Fach, und vermutlich ist längst die Luft raus, und ich will es mir nur noch nicht eingestehen.

Der Kurs und die dadurch gewonnene Bestätigung sind wie ein Zünder. Ich bin aufgewacht, motiviert, interessiert und will mehr. Ich nehme jede Führung an, die ich bekommen kann, entwickle mich persönlich enorm weiter, schäkere mit den Kunden, kann mich durchsetzen, bekomme alles prima hin und habe zu allem Glück auch noch mächtig Spaß an meiner Aufgabe.

Aber die Finanzen drücken. Nur mit den Führungen der Parkverwaltung komme ich nicht über die Runden. Also mache ich mich zusätzlich mit einer Firma für Waldführungen selbstständig. Was das bedeutet, wird mir klar, als ich zum ersten Mal in meinem Leben Werbung für mich selbst machen muss. Ich, die Schüchterne, die lange Zeit Menschen gemieden hat, wo es nur ging, bin plötzlich gezwungen, Eigenmarketing zu betreiben.

»Lass dich nicht zu dem machen, was andere wollen!« Ich habe Papas Satz längst abgewandelt in: »Ich kann mich zu dem machen, was ich will!«

Ich lasse mir eine Webseite bauen, verschicke Flyer und schreibe Mails, rufe potenzielle Kunden an. Ich wende mich an Schulen und Jugendherbergen, an Hotels und Reiseveranstalter und stelle vor, was ich zu bieten habe: fachkundige Führungen durch eine der schönsten Nationalparkregionen Deutschlands.

Unerwartet schnell läuft die Sache gut an, besonders als ausländische Touristen dazukommen. Mein Englisch ist gut, ich bin gefragt, und mit jeder Tour wächst meine Zuversicht.

»Du bist nicht wiederzuerkennen«, strahlt meine Mutter.

»Du blühst auf«, meint mein Vater.

Es ist nur folgerichtig, dass ich mein Studium, dem ich sowieso nur noch auf dem Papier nachgehe, dann aufgebe und mich exmatrikuliere. Es tut mir noch nicht mal weh, denn ich habe eine andere Art des Unterrichtens gefunden, die mir viel mehr zusagt: Ich unterrichte im Wald, dort, wo ich mich nicht nur wohlfühle, sondern auch auskenne. Dort, wo ich mich seit meiner Kindheit heimisch fühle.

Vielleicht macht das meinen Erfolg aus. Ich liebe den Wald von ganzem Herzen, und meine Gäste scheinen das zu spüren.

*

»Du hast keinen Studienabschluss, Veronika!« Papas Stimme klingt ernst.

Nach vier Wochen Funkstille ist er an diesem Frühlingswochenende mal wieder in Schönberg. Ein Überraschungsbesuch. Er hat am Abend kurz durchgeklingelt und erzählt, dass er morgen kommen wolle. Jetzt sitzt er mit mir am Tisch und hat ganz offenbar eine wichtige Botschaft im Gepäck.

»Ich finde gut, was du machst, wirklich. Die Natur und du, das gehört zusammen, und wir erleben ja auch seit einiger Zeit, dass du sichtbar zufrieden bist.«

Ich nippe an meinem Kaffee und bin etwas überrascht. Mein Vater spielt Vater. Will er etwa Verantwortung übernehmen? Ein bisschen spät. Ich bin doch längst erwachsen, die unerwartete Fürsorge irritiert mich.

»Du musst an die Zukunft denken, Veronika. Ohne einen Studienabschluss wirst du es im Berufsleben schwer haben.«

Ich lehne mich in meinem Stuhl zurück und rücke mich innerlich in die Position einer Außenstehenden. Papa hat sich so gut wie nie von sich aus darum gekümmert, was aus mir wird. Mama musste ihm erst zigmal auf die Füße treten und ihn immer wieder aufrütteln, wenn sie sich wünschte, dass er aktiv wurde, nachhakte, half. Und jetzt das? Warum interessiere ich ihn jetzt plötzlich so sehr?

Ich sehe ihn an. Er ist alt geworden. In meinem Kopf rechne ich nach. Papa ist jetzt 68 Jahre alt und geht bestimmt bald in Rente. Im Moment fehlt der Kirche zwar der Nachwuchs, und man hält einen Pfarrer möglichst lange im Amt, sogar einen gestrauchelten. Aber recht zeitnah wird auch bei ihm Schluss sein, und für den beliebten Tausendsassa beginnt dann ein neuer Lebensabschnitt. Es wird ruhig werden, ruhig und garantiert auch einsam. Zumal auch schon einige seiner Freunde verstorben sind, unter anderem Leo, mit dem uns in all den Jahren eine innige Freundschaft verbunden hat. Er ist weit über 80 geworden und durfte zum Glück friedlich einschlafen.

»Pfarrer sind immer einsam«, hat mir mein Vater schon früher einmal gesagt. Und Mutter hat auch mehrfach davon erzählt, wie sehr er unter den einsamen Abenden in seiner leeren Wohnung leide. Schade, dass sich kaum jemand Gedanken darüber macht. Tagsüber hat jeder Pfarrer Mitarbeiter und Gemeindemitglieder um sich herum und ist selten allein. Aber was ist, wenn es Abend wird? Dann kehrt er in sein leeres, kaltes Zuhause zurück, in dem niemand lebt, höchstens ein Hund oder eine Katze. Das passiert tausendfach in Deutschland. Abend für Abend, und für den, der nicht mehr im Amt ist, gilt das auch tagsüber.

Wie schlimm wird es für meinen Vater sein? Die Frauen, die früher an seinen Lippen hingen, wird es dann in der gewohnten Zahl auch nicht mehr geben. Er wird nicht mehr der umschwärmte Hahn im Korb sein, sondern auf sich selbst zurückgeworfen.

Mein Vater ist ein kluger Mann. Er kann sich vorstellen, wie sein Leben weitergehen wird. Die Einsamkeit, die er jetzt nur abends wahrnimmt, wird nicht abnehmen, nein, sie ist nur eine kleine Kostprobe auf die, die ihn umfängt, wenn er als Zwangs-Single alt und in Pension ist.

Papa hat mit Sicherheit Angst davor und besinnt sich jetzt darauf, dass das Familienleben eigentlich doch gar nicht so schlecht ist.

Allerdings lässt sich meine Mutter nicht mehr als Partnerin aktivieren, das hat er längst kapiert. Sie ist zu oft von ihm abgewehrt, zurückgestoßen und ausgegrenzt worden. Sie lässt sich nicht mehr anknipsen wie eine Lampe. Ihr Schalter ist dauerhaft aus.

Was bleibt, bin ich, die Tochter, die er nun offenbar als feste Größe für das Alter entdeckt hat. An sie kann er sich jetzt klammern, Kraft tanken, Sicherheit spüren. Sie ist da. Wofür hat man denn Kinder?

Ich sehe ihn an und verliere mich in Gedanken an früher. Wie oft habe ich sonntags am Fenster gesessen und vergeblich auf ihn gewartet? Wie oft habe ich nicht verstanden, dass er zwar kam, aber sofort nach dem hastig eingenommenen Mittagessen wieder verschwand? Wie oft habe ich mir erfolglos gewünscht, dass er mit mir spielt oder mir etwas vorliest?

Aber damals gab es einen interessanteren Zeitvertreib für ihn, als sich mit Frau und Kind herumzuschlagen. Und es gab auch andere Frauen. Zumindest haben das viele Gemeindemitglieder angedeutet. Ein Brief, den ich beim Aufräumen in seiner Klinikwohnung gefunden habe, bestätigt das. Offenbar hatte er auch eine Affäre mit einer der Arztehefrauen. Mein Vater, er hat immer mit Volldampf gelebt und sich nichts daraus gemacht, wenn rechts und links Späne flogen. Aber auch die tollen Hechte werden alt.

»Ich wollte mit dir besprechen, was du machen kannst … Was hältst du etwa von einem Studium der Forstwissenschaft?«

»Papa, es ist schön, dass du dir Gedanken machst«, unterbreche ich seinen Redeschwall. »Aber ich habe schon selbst darüber nachgedacht und mich sogar schon entschieden.«

Papa sieht mich überrumpelt an.

»Entschieden? Wofür denn?«

»Ich beginne nächsten Monat ein Studium in Tourismusmanagement. Es ist berufsbegleitend. Ich kann also weiter meine Führungen machen und mich zusätzlich qualifizieren.«

Papa ist überrascht.

»Ich sehe schon, du brauchst meinen Rat nicht.«

Ich weiß, dass es zickig klingen wird, aber ich sage es trotzdem: »Stimmt, jetzt nicht mehr, aber früher hätte ich ihn gebraucht …«

Obwohl ich damit rechne, poltert Papa heute nicht einfach los. Das Alter stimmt ihn milde.

*

Zwei Jahre lang habe ich Stress pur. Tagsüber bin ich mit mittlerweile recht großen Gruppen im Nationalpark unterwegs, was aber kein reines Routineprogramm ist, da ich mich ständig weiterbilden muss. Dazu arbeite ich fleißig an der Tourismusakademie. Wir haben Blockunterricht am Wochenende und an mehreren Abenden unter der Woche und müssen in der übrigen Zeit reichlich büffeln. Freizeit gibt es für mich so gut wie gar nicht mehr.

Ich bin froh, dass meine Mutter sich um alles rund um das Haus kümmert, besonders um unsere Tiere. Denn die sind nach wie vor feste Bestandteile unserer WG. Wir lieben Tiere und haben Katzen, Hasen, Meerschweinchen, wobei sich Mama um alle kümmert. Ich bin ihr sehr dankbar, denn sonst käme ich im Moment ins Schlingern.

Aber entscheidend ist, dass ich das alles gern mache. Deshalb geht es mir trotzdem gut. Das Thema Natur ist sowieso meins, aber mittlerweile gehe ich auch gekonnt und souverän auf meine Kunden zu und gewinne von den Kindern bis zu den älteren Menschen alle gleichermaßen für unseren schönen Nationalpark. Zumal wir auch eine neue Attraktion haben: einen spektakulären Baumwipfelpfad. Er ist einmalig. Man spaziert 1300 Meter durch die Natur auf einem Pfad, der sich von 8 auf 25 Meter hochschlängelt, man geht auf unterschiedlicher Höhe an Buchen, Tannen und Fichten vorbei und an zahlreichen Lehrstationen. Es ist spannend, auf einem Metallgitter zu stehen und aus der Vogelperspektive auf die Baumwipfel unter seinen Füßen zu sehen. Es gibt auch eine Waldinsel mit Gitterliege in luftiger Höhe. Man federt sanft auf und ab, und der wohltuende Duft der Bäume steigt beruhigend in die Nase. Der Baumturm ist ein architektonisches Meisterwerk, denn der Holzweg gibt nicht nur den Blick in die faszinierende Waldlandschaft frei, sondern auch im Innern auf drei uralte Tannen und Buchen, und man nimmt sie fast greifbar von der Wurzel bis zum Wipfel wahr. Übrigens kann man an klaren Tagen von der Aussichtsplattform den Alpenhauptkamm erleben. Kein Wunder, dass seit der Eröffnung schon weit über zwei Millionen Besucher gekommen sind. Na, wenn das keine Aufgabe für eine Waldführerin ist.

Und noch etwas ist neu: Ich beginne in meiner neuen Heimat anzukommen. Für Menschen, die nicht meine Vergangenheit haben, ist das vermutlich normal, wenn sie bei den Nachbarn eingeladen sind, auf Ortsfeiern gehen und in Gaststätten Kontakte knüpfen. Für mich jedoch ist das alles neu, aber schön. Ich mag seit einiger Zeit den Small Talk genauso wie das gute Gespräch.

»Die wollen mich sowieso nicht bei sich haben«, war fast mein ganzes Leben lang mein erster Gedanken. Durch den Job hat sich das in den letzten Jahren geändert. Ich bin viel herumgekommen und kenne mittlerweile jede Menge Leute: Hotel- und Pensionsbesitzer, Busunternehmer, Mitarbeiter in Touristikbüros. Ich bin für alle nicht mehr »fremd«, sondern auf dem Weg, »eine von uns« zu werden.

Schließlich kommt auch die Gemeindeverwaltung auf mich zu und fragt an, ob ich Führungen durch Schönberg anbieten könne. Meine Antwort ist klar: Es ist mir eine Ehre, für meine neue Heimat touristisch etwas zu tun.

*

»Und hier stehen wir vor dem Haus, in dem Dietrich Bonhoeffer seine letzten Lebenstage verbrachte, bevor er ins KZ deportiert und hingerichtet wurde.«

Ich bin mit einer Gruppe von 15 Besuchern im Ort unterwegs und stehe vor dem alten Mädchenschulhaus, in dem im April 45 SS-Sonderhäftlinge untergebracht waren. Es ist eines der wichtigen Gebäude, über die man viel erzählen kann, aber es gibt zum Glück auch Sehenswürdigkeiten mit weniger tragischer Geschichte. Unser fröhlich-bunter Marktplatz lädt zum Flanieren ein, und im kleinen Kurpark oder auf dem örtlichen Aussichtsturm kann man die Landschaft richtig genießen.

Die Gäste sind ausgesprochen sympathisch. Die Tour macht Spaß, auch weil sie durch meinen Heimatort führt und mir viel Anerkennung beschert.

»Hallo, die Frau Egger, erzählen Sie aber bitte nur Gutes über unseren Markt!«

Eine ältere Dame mit einem voll gepackten Obstkorb steht vor mir und platzt mit ihrer lockeren Bemerkung direkt in meine Führung. Die Gäste schmunzeln, und ich drehe mich überrascht um.

»Aber natürlich«, kontere ich. »Von hier gibt es doch nichts Schlechtes zu berichten. Oder wissen Sie etwas?«

Sie schüttelt den Kopf.

»Na, na, hier ist das Paradies«, meint sie, nimmt ihren Korb wieder auf und zwinkert mir zu. »Schön, dass Sie das machen!«

Ich bin gerührt, weil sie mich offenbar kennt, und erfreut, weil ich so eine Situation so unbekümmert meistere. Ich habe viel geschafft in den letzten Jahren.

*

»Ich muss mit dir sprechen, gleich nächste Woche!«

Papa ist am Telefon und gibt sich ganz geheimnisvoll.

»Um was geht es denn?«, frage ich neugierig, aber er weicht mir aus. »Es ist wichtig, also nimm dir etwas Zeit für mich.«

Was mich erwartet, ist wirklich wichtig und zeigt mir, dass ich meinen Vater nie verstehen werde.

Als er in Schönberg ankommt und einen Stapel Papiere auspackt, denke ich an alles Mögliche, aber nicht daran, dass er mir sein Haus überschreiben will.

Er spricht ruhig und entschlossen.

»Aber Papa, du bist gesund. Warum willst du das jetzt entscheiden? Vielleicht hast du später noch andere Pläne.«

Aber er schüttelt sofort den Kopf, lässt so wie immer keine großen Diskussionen zu.

»Es ist besser, glaube mir. Ich möchte, dass du das Haus jetzt schon bekommst. Ich vertraue dir zu 100 Prozent und kann mir so sicher sein, dass die Kirche später keine Ansprüche erhebt. Wenn du das Haus hast, ist zeitgleich auch die Mutter versorgt. Es beruhigt mich, das zu wissen.«

Papa macht sich Gedanken um uns. Ich bin überrascht und glücklich zugleich.

Der Termin beim Notar in München ist ein Blitztermin. Papa hat alles perfekt vorbereitet. Es scheint ihm eine Herzensangelegenheit zu sein.

Als ich zurück nach Schönberg fahre, bin ich nicht nur Hausbesitzerin, sondern auch seine Alleinerbin. So soll ich nach seinem Tod auch sein Elternhaus in der Nähe des Chiemsees und seine schönen Figuren bekommen. Ich bin mehr als sprachlos. Mein Vater, er ist plötzlich ganz entschieden in seiner Haltung.

Ich möchte ihn zum Abschied in den Arm nehmen, ihm von ganzem Herzen danken. Für sein Vertrauen, seine Großzügigkeit, sein klares, eindeutiges Signal. Aber er windet sich schnell aus meiner Umarmung, brummelt ein »Ist schon gut« und läuft ganz schnell zu seinem Auto.

Ich sehe ihm nach, erfüllt von einer Mischung aus Freude, Dankbarkeit und Irritation. Mein Vater, er wird mir immer ein Rätsel bleiben.

*

»Hast du Lust auf einen Kaffee?« Karsten, ein sehr sympathischer Mann aus einer meiner ehemaligen Studiengruppen, ist in Schönberg und möchte sich mit mir treffen.

Er arbeitet wie ich im Tourismusbereich, und ich sage spontan zu. Ich bin neugierig, was er in den letzten Jahren auf die Beine gestellt hat.

Wir treffen uns im Antoniushof, einem wunderschönen

Gasthof im Herzen Schönbergs, in dem ich mich häufig verabrede, weil ich die Mischung aus bayerischem Flair und gutem Service mag und außerdem gern mit Nicole, der jungen Besitzerin, tratsche. Wir mögen uns, nicht nur privat, wir arbeiten auch erfolgreich zusammen, indem sie mir viele ihrer Gäste für Führungen vermittelt.

Der Abend wird sehr romantisch. Nicole hat uns den schönsten Tisch hergerichtet, und die Stimmung ist schnell richtig gut. Karsten und ich haben uns in den letzten Jahren zwar nur zweimal gesehen, uns aber immer gut verstanden. Jetzt trinken wir Wein, genießen so manches Schmankerl und reden über unsere Arbeit. Karsten hat sich mit einem Reisebüro selbstständig gemacht und bietet mir an, künftig meine Touren im Programm anzubieten.

Aber das ist noch nicht alles, was mir gefällt. Es schwingt noch etwas anderes mit – und als Karsten mir erzählt, dass er geschieden und frei sei, beginnt mein Herz, ungewohnt schnell zu schlagen.

»Wollen wir uns wiedersehen?«, fragt er zum Abschied, als ich ihn noch zum Auto bringe.

»Gern«, antworte ich wie aus der Pistole geschossen und freue mich wirklich darauf.

Das Thema Männer ist in meinem Leben bisher ein bisschen zu kurz gekommen. Nach der Katastrophe mit Laurenz in meiner Schulzeit, die ich wirklich nie vergessen habe, gab es nur wenige, die etwas in mir berührt haben. Gut, es gab Affären, aber wenn es etwas verbindlicher zu werden drohte, war ich auch schnell wieder weg. Ich traute dem Frieden nie lange, vermutlich weil ich erlebt habe, wie schmerzhaft große Gefühle, wenn sie enttäuscht werden, sein können. Ich habe meine Mutter zu oft weinen sehen.

»Ein Mädchen, das großenteils vaterlos aufwächst, wird es immer schwer haben, gesunde Beziehungen zu Männern zu entwickeln«, habe ich einmal in dem Vortrag einer Psychologin gehört. »Eine Mutter kann den fehlenden Vater nicht ersetzen.«

Mich hat das hellhörig gemacht, auch was die Expertin noch weiter ausgeführt hat. »Die Folge sind neue Probleme. Da die Mutter das einzige Bezugsobjekt ist, und das auch umgekehrt gilt, ist es für beide schwer, sich ein Leben jenseits der Mutter-Tochter-Beziehung aufzubauen. Betroffene Mädchen haben es schwerer als andere, einen Weg zwischen der engen Bindung zur Mutter und dem natürlichen Wunsch nach Abnabelung zu finden.«

Ich denke, dass all das auf mich zutrifft.

Und Marion, meine Miesbacher Freundin, die ich kürzlich nach vielen Jahren Funkstille wieder traf, hat mir sogar auf den Kopf zugesagt, dass ich »bindungsunwillig« sei. Mir war der Begriff gar nicht bekannt, und deshalb habe ich ihn auch überhaupt nur behalten. Wir sehen uns seither regelmäßig. Sie hat übrigens wirklich gleich nach mir die Schule verlassen und ist nach München gegangen. Mittlerweile lebt sie aber in meiner Region, arbeitet erfolgreich als Kauffrau und ist ganz offenbar eine gute Menschenkennerin. Denn mit dem »bindungsunwillig« hat sie den Nagel auf den Kopf getroffen. Sie meinte, es liege daran, dass ich mein Leben endlich so führte, wie ich es wolle, und deshalb für einen Mann darin kein Platz sei. Ich habe ihr recht gegeben, aber Karsten bringt jetzt meine klare Einschätzung durcheinander.

Als wir uns am Auto viel zu lange verabschieden, spüre ich verräterische Schmetterlinge im Bauch. Später strample ich entspannt durch die Dunkelheit und nutze die Gelegenheit, damit mir der Fahrtwind den Kopf frei pustet.

Karsten ist ungeheuer nett, einfühlsam, erfolgreich und wohnt ganz in der Nähe. Wenn wir uns aufeinander einlassen, können wir unkompliziert unser Miteinander ausprobieren. Aber will ich das wirklich? Ich habe so lange gebraucht, um ein gutes Leben führen zu können. Mache ich dadurch vielleicht leichtsinnig alles wieder kaputt?

Als ich Mama am nächsten Morgen von Karsten erzähle, redet sie mir zu. »Ich sähe gern einen Mann an deiner Seite«, sagt sie. »Weißt du, ich war viele Jahre lang allein, aber das war nicht schön. Mach du es anders. Du kannst doch auch noch ein Kind bekommen. Ich wäre gern Oma.«

Sie spricht jetzt leise, sehr ernst.

»Lass dich von mir nicht bremsen, hörst du. Ich kann auf mich allein aufpassen.«

Mama ist klasse. Sie nimmt mir jede Sorge.

Ich freue mich auch auf Karsten, und wir gehen eine Zeit lang sehr offen aufeinander zu. Aber eben nur eine Zeit lang. Als es ernst wird und ums Zusammenziehen geht, mache ich, was ich immer gemacht habe: Ich lasse die Beziehung zurück in die Unverbindlichkeit trudeln. Ich bin wirklich bindungsunwillig. Marion kennt mich offenbar gut.

Kapitel 10

»Unser Kulturforum in Schönberg sucht eine Schatzmeisterin, Frau Egger, wäre das nicht etwas für Sie?!«

Der Vorsitzende, ein sympathischer Mann um die siebzig, spricht mich direkt auf einer Veranstaltung an.

»Kann ich Ihnen denn helfen?«, frage ich vorsichtig.

»Nichts lieber als das!«

Ich schlucke.

»Geben Sie mir einen Tag Bedenkzeit, bitte?«

»Ja gern, aber vergessen Sie uns nicht. Ich warte auf Ihren Anruf. Es wäre schön, wenn Sie bei uns mitmachen würden.«

Ich bin überrascht und erfreut zugleich. Anscheinend bin ich in meiner neuen Heimat wirklich angekommen. Erst bat mich die Gemeinde um die Führungen, jetzt kommt das Kulturforum auf mich zu. Ich scheine allmählich dazuzugehören.

Ich sage zu, natürlich, denn nach wie vor reizt mich das Neue.

Und meine Aufgabe im Kulturforum ist nur der Anfang. Plötzlich bin ich Teil des Gemeindelebens und lerne viele Menschen kennen, die etwas in Schönberg und dessen Umland bewegen. Ich besuche politische Veranstaltungen, übernehme den Ortsvorsitz der Frauenunion, engagiere mich bei Themen wie der Entwicklung des ländlichen Raums, Tourismus und Umweltschutz und werde schließlich sogar in den Gemeinderat gewählt.

Diese Aufgabe interessiert mich, und ich bin zusätzlich in vielen Gremien aktiv. Ich, die Scheue, die Schüchterne bin plötzlich auf dem Parkett unterwegs. Gut, es ist nicht das große, aber es ist ein Parkett – und für mich war das mein ganzes Leben lang zu glitschig. Und jetzt? Jetzt fühle ich mich stark genug, um mich sicher darauf zu bewegen, und schnell gibt es fast keinen Abend mehr, an dem ich mich zu Hause vor dem Fernseher auf das Sofa legen kann. Die Termine jagen sich, und ich lebe mit einem Tempo, das ich mir nie zugetraut hätte.

Es macht mir Freude, regelmäßig Veranstaltungen zu besuchen, Pläne und deren Umsetzungen zu diskutieren, mich in neue Thematiken einzuarbeiten. Es ist schön, immer nachhaltiger im Ortsleben anzukommen. Ich fühle mich zunehmend heimisch.

Und ich bekomme neben der Anerkennung auch Zuwendung. Man schätzt und mag mich. Das heilt meine Seele mehr und mehr, zumal ich Szenen erlebe, die mir innerlich sehr guttun …

»Mensch, Veronika, warte mal!«

Ich bin mit dem Rad im Dorf unterwegs, als mir Nicole zuwinkt und signalisiert, dass sie mit mir sprechen möchte.

»Sag mal, hast du Zeit unter der Woche? Komm doch mal zu mir. Ich würde mich freuen, wenn wir einen schönen Abend zusammen verbrächten. Was meinst du?«

»Geht es um die Buchungen?«

»Nein, wieso? Es geht um dich. Ich denke, wir reden einfach mal. Ich freue mich.«

Sie winkt mir noch kurz zu, bevor sie eilig weiterradelt.

Ich sehe ihr nach, lächelnd.

»Mit dir will ich nichts zu tun haben!«, höre ich die Stimme meiner früheren Mitschülerin Michelle noch im Ohr. Für einen Moment fühle ich mich in die 8. Klasse des Gymnasiums in Miesbach zurückversetzt. Dieser zischende Ton, diese so abfälligen und gemeinen Wörter, sie dröhnen wieder in meinem Kopf, und ich wundere mich selbst, dass Bosheit so viel in einem Menschen kaputtmachen und vor allen Dingen noch so lange nachwirken kann. Ich bin mittlerweile fast 40 Jahre alt. Aber ganz offenbar sind Narben geblieben. Sie schmerzen nicht mehr, aber sie sind immer noch da.

Ich atme tief durch. Dann ist es vorbei.

Als ich wieder auf mein Fahrrad steige und mich auf den Heimweg mache, bin ich mehr als zufrieden. Ich bin glücklich. Mein Leben in Schönberg, es ist rundherum schön.

*

Ich liege mit geschlossenen Augen auf dem Waldboden, greife nach Blättern, Borken, Nadeln und Wurzeln, ertaste alles mit meinen Fingerspitzen. Dabei achte ich auf die unterschiedlichen Gerüche, atme ruhig und tief ein, stelle alle Sinne auf Empfang. Was ist das? Tropft Regenwasser von den Blättern? Und was ist das? Huscht ein Käfer durch das Laub?

Ich bin auf einem Seminar, genauer auf einem Seminar für »Waldbaden«, und erlebe nicht nur praktische Anleitungen, sondern lerne auch ganz viel Theorie.

Das »Baden im Wald« kommt aus Japan, heißt dort »Shinrin-yoku« und wird eifrig an den Universitäten erforscht.

»Mit spektakulären Ergebnissen«, erzählt der Referent, ein Waldbadespezialist, der eigens aus dem Ausland zu uns in den Nationalpark gekommen ist, um eine Handvoll der Waldführer dafür zu schulen.

Heute erleben wir unsere erste »Badeanleitung«, und ich bin

gleich fasziniert. Was sich anfangs etwas fremd anhörte, entpuppt sich als ganz traditionelle Methode, um Menschen Ruhe und Entspannung zu schenken.

»Die Wirkung ist enorm: Wenn man sich im Wald aufhält, schlägt das Herz messbar ruhiger, der Blutdruck sinkt, die Muskeln entspannen sich, zeitgleich fährt das Immunsystem hoch«, erklärt der Referent weiter, während wir uns immer noch auf dem Boden liegend entspannen. »All das tut der Psyche gut. Nach dem Waldbaden sind die Teilnehmer erfrischt und fühlen sich stabiler. Das Selbstwertgefühl steigt. Angstzustände, Wut und Depressionen verringern sich.«

Na, das passt ja, denke ich und lausche weiter gespannt, denn wir bekommen noch weitere Details geliefert. Der Aufenthalt im Wald lindere nachweisbar Stress und mache glücklich.

Besonders der letzte Punkt berührt mich. Vielleicht war das unbewusst der Grund, warum ich immer so gern im Wald abtauchte und zufriedener wieder herauskam.

Und wir bekommen Zahlen. Demnach ist der Effekt am stärksten, wenn die Zeit im Wald mit der Nähe zum Wasser verbunden werden kann. Schon ein kleines Waldgewässer reicht aus.

Ich träume jetzt. Wie oft habe ich rund um Auerschmied am Bergflüsschen gesessen? Der Mensch spürt doch genau, was ihm guttut!

Wir haben auch schon jede Menge Forschungsmaterial erhalten und in unserem Seminar von Langzeitstudien gelesen, die ganz klar beweisen, dass nach einem Besuch im Wald die Widerstandskraft steigt und Menschen sich deutlich fitter und ausgeglichener fühlen.

Grüne Bäume haben einen direkten Einfluss auf das Immunsystem. Es gibt Untersuchungen, dass Patienten schneller aus der Klinik entlassen werden können, wenn sie aus dem Fenster ihres Zimmers auf Bäume sehen. Sie brauchen sogar weniger Schmerzmittel. Bäume bilden zudem Substanzen, um sich vor Krankheitserregern zu schützen. Davon profitiert auch der Mensch. Laut einer amerikanischen Studie erkranken deshalb in waldreichen Gegenden weniger Menschen an Herz-Kreislauf-Erkrankungen, Bluthochdruck und Diabetes.

Psychologen haben eine weitere Erklärung: Menschen in stark bewohnten Gebieten sind ständig Reizen ausgesetzt, die sie abwehren müssen. Die unaufhörliche Reizabwehr ermüdet sie auf Dauer. Sie empfinden Stress, der dem Immunsystem zusetzt.

Manche Psychologen ordnen die Natur sogar dem Naturell einer Person zu. Interessant dabei: Extrovertierte lieben den Aufenthalt am offenen Meer, Introvertierte den Wald, den sie als Schutz empfinden.

Doch wie funktioniert jetzt das »Waldbaden« genau?

»Es geht um ›heilsames Waldbaden‹, das etwas anderes ist als ein normaler Spaziergang. Beim Waldbaden tauchen wir ein in den Wald. Wir sind langsam unterwegs, bleiben stehen, legen uns hin, rasten, ruhen«, erklärt uns der Referent.

Man redet dabei möglichst wenig, versucht seine Gedanken auf das Hier und Jetzt zu konzentrieren. Man hält inne, nimmt wahr, was um einen herum passiert, und zwar mit allen Sinnen. Man riecht, fühlt, sieht, hört und schmeckt. Man betrachtet das Muster einer Rinde, die Maserung eines Blattes, beobachtet den Weg eines Insekts, fühlt das Laub, das Moos des Bodens. Man ist einfach nur da, und wie beim Schwimmen einen das Wasser umhüllt, umhüllt einen dann der Wald.

Natürlich kommen Alltagsgedanken hoch, aber man schiebt sie zur Seite, lenkt die Aufmerksamkeit zurück auf das, was ist:

das Geräusch des raschelnden Laubes, der Geruch des Bodens, das Licht in den Baumkronen. Man zieht die Schuhe aus und spürt die feuchte Erde unter den Fußsohlen, man taucht die Hände in ein Bächlein und spürt die Kälte in den Fingern. Dazwischen dehnt, streckt und reckt man sich.

In Japan ist »Waldbaden« populär. Seit ein paar Jahren ist es auch in Europa im Kommen und hat nun den Bayerischen Wald erreicht. Unser Leiter der Nationalparkverwaltung hatte die Idee, so etwas auch bei uns ins Programm aufzunehmen, und gefragt, ob ich Lust hätte, mich darin ausbilden zu lassen. Kurz zögerte ich. Ich dachte einen Moment, ich sei gegenüber dem fernöstlichen Trend vielleicht zu wenig aufgeschlossen. Aber dann sagte ich zu. Denn ich habe immer Lust, zu lernen und mich auf Neues einzulassen, und beim Thema Wald bin ich eigentlich sowieso prinzipiell offen.

Jetzt liege ich auf dem Boden, bekomme gezeigt, wie es praktisch abläuft, und entdecke viele Parallelen zu meinen bisherigen Walderlebnissen. Genau genommen bin ich bereits als Kind eine »Waldbaderin« gewesen, aber ich habe mich damals intuitiv darauf eingelassen, jetzt mache ich es unter Anleitung und bewusst. Beides ist gut.

»Und nun richte dich bitte auf, lehne dich an einen Baum, schließe wieder die Augen, und streiche mit der Handfläche über die Borke, ganz langsam, und atme dabei tief ein. Und noch einmal. Was fühlst du? Was riechst du?«

Ich bin – was denn auch sonst bei meiner Geschichte – absolut begeistert.

Handys sind übrigens tabu. Es darf auch nur wenig gesprochen werden, dafür soll man umso intensiver lauschen, fühlen, schnuppern, ab und zu, wenn wir Kursteilnehmer Beeren entdecken oder ein leckeres Wildkraut, auch schmecken.

Das Seminar ist für mich wie maßgeschneidert. Ich fühle mich abgeholt, angekommen, verstanden.

Wenig später darf ich mich »Gesunder Waldguide« nennen und stehe mit ganzer Überzeugung hinter einem Trend, der wirklich natürliche Medizin ist. Seitdem biete ich neben den üblichen Führungen auch regelmäßig Touren zum »Waldbaden« an, und meine auf der Webseite und in vielen Touristikbüros angepriesenen Badeerlebnisse werden gut gebucht. Die Gruppen, die bei mir mitmachen, sind natürlich kleiner, ansonsten wäre es im Wald zu trubelig.

»›Waldbaden‹ ist das achtsame Eintauchen in die Atmosphäre des Waldes und eignet sich prima zum Stressabbau«, erkläre ich immer und mache dann gleich vor, wie man sich effektiv auf den Wald einlassen kann. Ich setze mich auf einen Baumstamm, öffne die Arme und lasse die »Sinne fließen«, wie ich lächelnd erzähle.

»Man kommt in der leisen und stimmungsvollen Umgebung, zwischen Vogelgezwitscher und Blätterrauschen, schnell zur Ruhe, nimmt mit allen fünf Sinnen wahr und verspürt tiefes Glück.«

Die Gäste lieben es – und ich liebe es, zu beobachten, wie gut es ihnen dabei geht. Ich liebe es, anderen Menschen »meinen« Wald näherzubringen und ihnen zu zeigen, wie viel Gesundheit und Glück der Aufenthalt im Wald bringen kann. Ich bin ein gutes Beispiel dafür und sicher, dass es mir nicht so gut ginge wie heute, wenn ich nicht die Chance gehabt hätte, mein halbes Leben dort zu verbringen.

*

»Hallo, Papa, was gibt es Neues?«

»Du, ich kann eine wunderschöne Skulptur von einem Privatmann aus Garmisch kaufen. Es ist eine Jesusfigur aus herrlichem Eichenholz. Du musst sie sehen. Es ist wirklich ein Meisterwerk, und ich werde sie der Klinikkapelle spenden. Wenn du das nächste Mal kommst, kannst du sie bestaunen. Sie wird dir gefallen, ganz sicher.«

Ich führe mein tägliches Gespräch mit meinem Vater. Es ist mittlerweile ein festes Ritual für uns, und Papa legt seit vielen Jahren größten Wert darauf. Jeden Tag möchte er sich einmal mit mir austauschen, und ich achte trotz meiner vielen Termine darauf, es möglich zu machen.

Es war nicht mein Wunsch, nein, dazu ist meine Distanz zu groß. Es war und ist sein Wunsch, und ich respektiere das. Mein Vater ist jetzt im Ruhestand, lebt aber nach wie vor in seinem möblierten Apartment im Klinikgebäude. Die Klinikleitung hat das genehmigt, da er sich weiterhin um die Kapelle kümmert und den neuen Seelsorger vertritt. Aber insgesamt ist sein Tag nicht mehr so ausgefüllt, und er hat viel Freizeit. Die nutzt er, indem er in den Bergen wandert oder sich mit Freunden trifft.

Wenn ich ihm mit den paar Minuten täglichen Telefonats ein bisschen von seiner Einsamkeit und vermutlich auch Langeweile nehmen kann, dann mache ich das. Egal, wie wir bislang miteinander ausgekommen sind, er ist mein Vater, und ich habe trotz aller Enttäuschung viel Anlass, dankbar zu sein. Er war zwar nie ein wirklich guter, aber auch kein schlechter Vater, vielleicht ein feiger … Was jedoch zählt: Er ist und bleibt mein Vater, und deshalb bin ich auch da, wenn er abends anruft und einfach ein paar Sätze mit mir wechseln möchte. Er war nicht da, als ich ihn brauchte. Das ist wahr. Aber aufzurechnen und nachzutreten liegt mir nicht.

Es geht in unseren täglichen Gesprächen auch nicht um große Themen, dafür ist er ja gar nicht der Typ. Es geht um Alltägliches. Ich stelle immer ähnliche Fragen. Ob er im Laufe des Tages noch für einen Patienten habe da sein müssen? Was im Seniorenclub passiert sei, in dem er sich noch engagiert? Ob er Messen gehalten und Seniorenfahrten begleitet habe?

Umgekehrt erzähle ich von meinen Führungen und was ich bei meinen Gemeindeaktivitäten erlebe, aber wie immer hört er kaum zu, und wie immer geht es vor allem um ihn. Doch das macht mir nun nichts mehr aus. In erster Linie schenke ich ihm Aufmerksamkeit und Zuwendung, und das ist okay.

»Das freut mich Papa, dass du so eine schöne Statue gefunden hast«, sage ich zustimmend. »Ich freue mich schon, sie zu sehen. Aber lass dich beim Preis nicht übers Ohr hauen.«

»Du kennst mich, ich bin doch mehr als geizig.«

Seine Offenheit lässt mich schmunzeln. So viel Selbstreflexion hatte er nicht immer.

»Das stimmt, du bist wirklich geizig. Wenn ich daran denke, dass du immer noch deine Uraltschuhe trägst«, ziehe ich ihn ein bisschen auf.

»Uraltschuhe? Die tun's doch noch.«

»Ach, Papa, die Sohlen haben sich zur Hälfte schon gelöst, und du wickelst dir einfach einen Einmachgummi herum und meinst, das reiche dann noch für ein paar Jahre.«

»Tut es ja auch«, sagt er knapp. »Und ich komme damit sogar noch gut durch die Berge.«

»Mit 30 Jahre alten Schuhen, an denen die Sohlen festgebunden sind? Papa, gönne dir doch mal etwas. Wann hast du dir eigentlich etwas Neues zum Anziehen gekauft?«

»Das weiß ich nicht mehr«, knurrt er jetzt, und es wird deutlich, dass ich ihm mit dem Thema auf die Nerven gehe und er schnell ein neues finden möchte. Aber er verhaspelt sich und findet nicht so schnell den Faden wieder.

Papa ist ein bisschen tüdelig geworden, und seine Konzentration lässt schnell nach. Deshalb sucht er zwischendurch, so wie jetzt auch, häufig nach den richtigen Worten. Er merkt sich insgesamt wenig und fragt in jedem Gespräch zunehmend mehrmals das Gleiche. Ich vermute allerdings, es liegt nicht nur am Alter, sondern längst auch am Alkohol. Papa hat schon immer gern etwas getrunken, am Abend ein Bier und zum Essen ein Glas Wein.

Als Kind habe ich nicht einschätzen können, ob das wenig oder viel war. Aber schon mit zehn Jahren ist mir aufgefallen, dass er häufig etwas über den Durst trank, wenn wir in den Ferien abends im Gasthof zusammensaßen. Später hat mir meine Mutter diesen Eindruck bestätigt. Er hat von Jahr zu Jahr immer mehr und schließlich deutlich zu viel getrunken.

In den letzten zwei Jahrzehnten, in denen er mehr oder weniger regelmäßig hier nach Schönberg kam, ist es jedoch auffällig geworden. Schon seit Langem bringt er immer ein paar Schnapsflaschen mit, sorgfältig versteckt in seiner Aktentasche. Er denkt, wir merken nichts davon, aber das ist Unsinn.

Es läuft auch immer gleich ab. Er öffnet die Tür, sagt schnell »Hallo« und geht brummig mit der Tasche unter dem Arm eilig nach unten in sein Zimmer. Wenn er wenig später zurückkommt, wird die Stimmung immer überschwänglicher. Er ist fröhlich, sprudelt seine Neuigkeiten heraus wie ein Wasserfall und ist ein anderer Mensch.

Ich habe von Anfang an dabei an Alkohol gedacht und wenig später die Bestätigung bekommen, als beim Aufräumen zwei leere Schnapsflaschen unter seinem Bett hervorkullerten. Ich bin sicher: Er ist abhängig und braucht den »Stoff«, und das regelmäßig. Ich weiß längst, was er macht, wenn er im Laufe des Tages immer wieder in sein Zimmer geht, um angeblich etwas zu holen. Er muss nichts holen, er muss seinen Pegel halten, indem er heimlich einen großen Schluck aus den mitgebrachten Flaschen nimmt. Das macht ihn äußerlich ausgeglichener, er ist dann allerdings ein bisschen angeschickert, und oft muss ich ihn abends mühsam zu Bett bringen, weil er auf dem Sofa eingeschlafen ist, aber nicht aus Müdigkeit, sondern weil das Maß voll ist. Es ist eindeutig: Papa hat ein Alkoholproblem.

Natürlich versuche ich, ihn zu bremsen. Aber das gelingt mir kaum. Keine Frage, Papa bräuchte längst professionelle Hilfe, will davon aber nichts wissen. Wenn ich am Telefon damit anfange, legt er den Hörer auf. Wenn ich es in Schönberg anspreche, verlässt er das Zimmer. Trotz seines längst ungesunden Alkoholkonsums hat er die Art, mit Problemen umzugehen, nicht geändert.

Von einer Mitarbeiterin der Klinik weiß ich, dass auch dort sein Alkoholmissbrauch schon aufgefallen ist, er aber keinerlei Hilfe annimmt. Solange er es schafft, nach wie vor für die Patienten da zu sein, und sich auch engagiert um seine Kapelle kümmert, lässt man ihn gewähren …

»Apropos Geiz, ist das Geiz, wenn man nicht ständig Geld raushaut?«, fragt mein Vater jetzt und ist offenbar doch nicht vom Thema losgekommen.

»Mit Geld um sich werfen oder sich gar nichts gönnen ist aber ein Unterschied«, antworte ich. »Ich frage mich, was du mit deinem vielen Geld machst …«

»Viel Geld? Ich bekomme nur noch meine Pension.«

»Die ist aber nicht schlecht, lieber Papa. Und du hast kaum Kosten. Du wohnst nach wie vor im Klinikwohnheim, isst umsonst in der Kantine und hast außer ein paar Versicherungen und Benzin für deine alte Klapperkiste keine Ausgaben. Unser Haus ist bezahlt.«

»Und die Nebenkosten zahle ich auch«, wirft er schnell ein.

»Ich weiß, ich weiß, aber wir machen dich damit nicht arm.«

»Sage ich ja auch nicht, aber ich kann ja nichts dafür, dass ich nicht ständig etwas brauche. Ich habe alles.«

Ich gehe nicht weiter darauf ein. Ich werde ihn nicht ändern können. Dabei ist interessant, dass er nur für sich nichts ausgibt, bei anderen aber sehr großzügig ist. Er lädt die halbe Welt ein zu Bier, Würstchen, Leberkäse und was man sonst noch alles schlemmen kann. Auch bei seinen Figuren kennt er keinen Geiz. Dafür greift er tief in die Tasche und vermacht einen Teil auch der Kirche. Aber in seinem sehr schlichten Zuhause sitzt er an einem Uraltschreibtisch, schreibt auf einer Uraltschreibmaschine und telefoniert mit einem Uralthandy. Papa, er ist wirklich speziell. Zum Glück habe ich gelernt, mit ihm umzugehen.

Mittlerweile versuche ich auch häufig, mich mit ihm in München zu treffen. Dann nehme ich zwar die Fahrt auf mich, habe aber das gute Gefühl, ihm eine riesengroße Freude zu machen, und schütze ihn und alle anderen, damit er nicht auf die Idee kommt, sich trotz meiner diversen Appelle noch einmal ins Auto zu setzen.

Papa und ich verabreden uns meistens in einem kleinen Biergarten in der Innenstadt oder in einem der traditionellen Gasthäuser. Mein Vater liebt bayerisches Essen, gönnt sich dazu eine Maß Bier, und dann plaudert er aus seinem Alltag. Er erzählt von seinen Freunden, von seinen Reisen mit der Gemeinde und den üblichen Klinikabläufen. Ich erzähle von meinen Führungen, Erlebnissen mit den Gästen, von den Turbulenzen im politischen Alltagsleben der Gemeinde.

Wenn wir uns trennen, ist es freundschaftlich, aber nicht

vertraut. Es gibt keinerlei körperliche Nähe, kein Händedruck, keine Umarmung, kein Tätscheln. Ich weiß nicht, ob mein Vater als Kind Nähe erlebt hat und ob er sie später jemals zugelassen hat. Ich weiß nicht, ob es an seinem Priesterleben liegt oder ob er auch in seinem weltlichen Leben so gewesen ist. Gut, mit meiner Mutter muss er Nähe praktiziert haben und mit den anderen Frauen, die man ihm nachsagt, vermutlich auch.

Aber eines weiß ich: Wärme schenken und sich gegenseitig Geborgenheit geben, das geht mit meinem Vater nicht. Er hat einen eingebauten Abstandhalter.

*

Ich habe Wilfried am Telefon, einen Pfarrer aus Nürnberg, der meinen Vater schon seit seinem Studium kennt und bis heute ein guter Freund geblieben ist.

Wilfried macht sich große Sorgen um ihn und sucht ein wirklich offenes Gespräch. Ich vertraue ihm, denn ich kenne ihn schon viele Jahre. Er wusste ziemlich schnell von mir, hat uns einige Male in Auerschmied und später auch in Schönberg besucht.

Wir telefonieren lange, anfangs über Papas gesundheitliche Probleme. Denn auch in Wilfrieds Augen ist sein Alkoholkonsum längst therapiebedürftig, und er möchte mit mir nach einer Strategie suchen, wie wir ihn überzeugen können, sich Hilfe zu suchen. Ich kann ihm nur wenig Hoffnung auf Erfolg machen, will ihn aber natürlich in seinem Bemühen unterstützen.

»Du weißt ja, warum der Josef trinkt, und vielleicht hilft es ihm, darüber zu sprechen«, sagt Wilfried später, und unser Gespräch wird dadurch sehr grundsätzlich. »Den Josef hat es quasi auseinandergerissen. Er wollte sich immer betäuben, weil ihn der Spagat zwischen Amt und Familie aufgerieben hat. Er fühlte sich weder für das eine noch das andere allein stark genug und wollte beides, war aber auch mit beidem unglücklich.«

Er schiebt den Alkoholmissbrauch direkt auf den Zölibatskonflikt und erzählt von einem weiteren Freund, der ebenfalls Geistlicher sei, der sogar zwei Kinder habe und auch tief in der Sucht stecke.

»Überall, wo es die römisch-katholische Kirche gibt, gibt es auch die Kinder von Priestern und Mönchen, Bischöfen und Kardinälen. Es ist an keine Karriere gebunden. In der Sprache der Kirche darf es sie nicht geben, und um sie herum entwickeln sich menschliche Katastrophen.«

»Hast du aktuelle Zahlen dazu«, frage ich. »Es wäre schön, Konkretes zu wissen.«

»Das stimmt, aber die Anzahl der unerwünschten Kinder ist nicht einmal genauer zu schätzen. Sieh mal, man geht davon aus, dass mindestens die Hälfte der Geistlichen sexuelle Beziehungen haben. Ich kann mir auch vorstellen, dass viele Kinder einfach den Ehepartnern der Mütter zugerechnet werden und so nie jemand von den Ausrutschern erfährt. Die Geistlichen halten dicht und die Mütter auch, und die Kinder erfahren nie die Wahrheit. Du siehst, es ist sehr kompliziert«

»Und wenn es herauskommt, tragen alle ihr Päckchen.«

»Genau, die Kinder müssen damit leben, dass ihr Vater sein zölibatäres Versprechen nicht einhalten konnte, und zahlen den Preis: mit einer vaterlosen Kindheit, lebenslangem Verschweigen, Vertuschen, Verleugnen und einer schnell erkannten Heuchelei und dem bohrenden Gefühl, das Leben der Eltern verpfuscht zu haben. Sie haben einen Schuld-Scham-Konflikt und hadern mit der Kirche, die ihre Existenz ignoriert.«

»Das ist doch folgerichtig. Meine Existenz ist der eindeutige

Beweis für Papas Verfehlung. Ich bin da und mache alles sichtbar. Also habe ich Schuld.«

»Richtig! So wie du leiden alle Kinder unter dem erzwungenen Schweigen, schämen sich für den schwachen Vater, den sie als feige wahrnehmen, empfinden sich als Fremde in einer sozialen Gruppe. Die Folgen sind Selbsthass, Selbstentfremdung, Misstrauen, Isolation und daraus resultierend Krankheiten wie Depressionen, Migräne, Asthma, Sucht.«

»Bis auf die Sucht bin ich ein gutes Beispiel. Zum Glück habe ich die auslassen können.«

»Ja, aber es ist doch schlimm, wenn man sich als Ergebnis eines Verbrechens fühlt, des Bruches eines übermächtig wirkenden Gelübdes gegenüber einem idealisierten Gott oder Papst.«

»Oh ja, du weißt ja vom Papa, wie lange ich gebraucht habe, um damit fertigzuwerden, zumindest halbwegs.«

»Ja, und ich weiß auch, wie deine Mutter darunter leiden musste. Die Mütter werden vorgeführt, führen entwürdigende Kämpfe um Unterhalt und Unterstützungen. Vergiss nicht, dein Vater hat ein festes Einkommen, aber Mönche haben nichts. Du kanntest ja auch den Leo. In seinem Kloster gab es auch einen Vater, der sogar an die Öffentlichkeit ging. Aber was soll aus diesen Kindern werden? Die Kirche lehnt jede Unterstützung ab.«

»Und die Väter tragen auch ihren Rucksack«, werfe ich jetzt ein. »Meinst du wirklich, Papa trinkt so viel, weil er so schwer an seinem Schicksal trägt?«

»Allerdings«, bestätigt Wilfried. »Ich bin selbst Pfarrer und weiß, wovon ich spreche. In keinem Beruf wird so viel Wert auf den Verzicht individueller Bedürfnisse gelegt. Wir lernen im Amt nicht mehr, Verantwortung zu übernehmen, sondern werden zu Werkzeugen einer höheren Sache. Die Kirche sagt, wie wir handeln sollen, und wir unterwerfen uns. Gleichzeitig sollen wir stark sein, Vorbildfunktionen übernehmen und in den Gemeinden auf Ordnung und Moral achten. Es passt nicht zusammen. Man schwächt uns und wundert sich, wenn wir unserer Rolle nicht gerecht werden. Wer schwächelt, sich nicht an die Regeln, sprich das Gelübde hält, wird bestraft, mit Amtsentzug oder Schuldgefühlen oder beidem. Man taumelt in einen Riesenkonflikt. Nicht nur der Institution Kirche gegenüber, sondern auch mit Blick auf die eigene Überzeugung. Wir haben uns ja freiwillig und mit offenem Herzen zu dem Gelübde bekannt und leiden, wenn wir den Schwur gebrochen haben.«

»Ich weiß, bei meinem Vater war das klar ersichtlich, zumindest für mich als Erwachsene.«

»Ja, die Geistlichen tragen es mit in ihren Alltag, verstricken sich in ein persönliches Dilemma, wenn sie auf der Kanzel für das Leben predigen und auf der anderen Seite die Geliebte zur Abtreibung drängen, denn auch das kommt häufig vor. Oder wenn sie sich in der Öffentlichkeit nicht zu ihren Kindern bekennen, obwohl sie sie aus ganzem Herzen lieben. Das geht doch nicht spurlos an ihnen vorbei! Nein, nein, die Doppelmoral, die Heuchelei, das beobachtete Leid der Familie, die Hoffnungslosigkeit, das alles treibt sie in die Sucht. Es nagt an ihnen, dass sie immer an etwas Schuld haben, stets mit Druck leben müssen. Es gibt erschreckende Zahlen, die den Alkoholismus in Pfarrheimen belegen. Aber sie bleiben unter Verschluss.«

»Ja, früher konnte ich Papas Situation nicht verstehen, mittlerweile gelingt mir das besser. Man kann einem Menschen nicht verbieten zu lieben. Es ist widernatürlich, genauso, wie es das wäre, wenn man einem Vogel verbieten würde zu fliegen.«

Ich begreife immer mehr. Wir zahlen alle einen hohen Preis.

*

»Frau Egger, bitte fahren Sie möglichst bald nach München ins Klinikum. Herr Graml ist gestürzt!«

Ich wollte mich gerade auf den Weg zu einer Führung im Nationalpark machen und habe völlig überraschend eine Stationsschwester aus dem Klinikum in Ebersberg in der Leitung.

Warum ruft sie mich an? Wieso kommt sie auf die Idee, ich hätte etwas mit ihrem pensionierten Klinikpfarrer zu tun?

Ich reagiere zuerst entsprechend überrumpelt und weiß nicht so recht, was ich antworten soll.

»Woher haben Sie denn meine Nummer?«, frage ich ausweichend.

»Von Herrn Graml selbst. Er hat gesagt, ich solle sie anrufen, wenn etwas mit ihm sei. Er hat sie mir schon vor einiger Zeit gegeben …«

»Ach so«, murmle ich überrascht. »Ja, natürlich komme ich. Was ist denn genau passiert?«

»Genaues weiß ich nicht. Nur so viel: Er ist auf dem Klinikgelände hier in Ebersberg gestürzt, war kurz auf der Station und ist jetzt nach München verlegt worden. Es ist gut, wenn jemand nach ihm sieht und entsprechende Entscheidungen trifft.«

Dann muss es etwas Ernstes sein, hämmert es in meinem Kopf, und ich rufe sofort im Münchner Klinikum an und möchte mit der Station verbunden werden, auf die man Papa verlegt hat. Doch ich scheitere bereits am Empfang.

»Sind Sie eine engere Verwandte?«, fragt mich die Schwester am Telefon.

Bingo.

Die Nachfrage war zu erwarten, aber für mich kommt sie quasi aus dem Nichts. Sie trifft mich wie ein nasser Lappen.

Und da ist sie wieder, Mamas vertraute Stimme: »Ab jetzt

sagst du nicht mehr, wer dein Vater ist!« Die Vergangenheit holt mich ein …

»Hallo?«, fragt die Schwester ungeduldig. Vermutlich weil sie sich über die Funkstille wundert. »Hallo?«

Ich bin verwirrt. Was soll ich sagen? »Ich bin die Tochter« vielleicht? Das geht doch nicht. Die wissen ja, dass er Pfarrer ist. Nein, ich kann das nicht antworten. Aber dann werde ich auch nichts erfahren.

Die ganze Situation ist mir sehr unangenehm: Ich will meinem Vater natürlich helfen, ihm jedoch auch keine Probleme bereiten.

»Nein, ich bin nur eine gute Bekannte«, lüge ich deshalb halbherzig.

»Dann darf ich Ihnen leider keine Antwort geben«, ist die knappe und zu erwartende Nachricht.

Klick.

Sie hat aufgelegt.

Ich schließe die Augen und bin wütend. Verdammt, warum ist das alles immer so kompliziert. Mein Vater ist krank, und ich, die einzige nahe Angehörige, erfahre nichts. Weil es irgendein blödsinniges Kirchengesetz gibt. Ist die Kirche nicht für die Menschen da? Müssen uns starre Gesetze das Leben unnötig schwer machen? Ich bin sauer, auf meinen Vater, der nichts geregelt hat, auf das System Kirche, das Menschen quält, auf mich, die ich es nicht schaffe, einfach die Wahrheit zu sagen.

»Dann nicht«, murmle ich vor mich hin und schnappe mir meine Jacke. Ich muss raus, an die Luft. Ich brauche dringend eine Abkühlung. Die Sorge um meinen Vater treibt mich um.

Am Abend ruft Papa mich an und erzählt mir, dass er einen komplizierten Fußbruch habe und einen Spezialisten brauche, der ihn wieder zusammenflicken könne.

»Wie ist es denn passiert? Bist du gestolpert?«, möchte ich wissen. Doch Papa fühlt sich anscheinend ertappt und geht sofort hoch wie eine Rakete.

»Irgendwelche Leute haben Müll auf die Straße geworfen«, ärgert er sich, und ich ahne, was das bedeutet. Ich vermute, dass Alkohol im Spiel war. Ob das Glas zu viel auch für die anderen Stürze in letzter Zeit verantwortlich ist, kann ich nicht sagen. Mein Vater vermutlich auch nicht.

Dieses Mal ist er länger gehandicapt als bei den diversen kleineren Unfällen davor, bei denen es bei Verstauchungen und Prellungen geblieben ist.

Papa ist klappriger geworden und unsicherer auf den Beinen. Er strauchelt seit einiger Zeit häufiger, stolpert über Äste und Wurzeln am Boden, übersieht Treppenstufen und Bürgersteigkanten. Aber bislang ist es immer glimpflich ausgegangen. Dieses Mal sieht es anders aus. Es wird lange dauern, bis sein Fuß geheilt ist, und ich werde mich kümmern müssen.

Ich betrete gerade Neuland. Es ist das erste Mal in all den Jahren, dass ich von ihm gebraucht werde. Ich bin die Tochter eines Pfarrers, und es fühlt sich auf einmal gar nicht mehr verboten und schlimm an, sondern fast normal. Gut, Papa ist auch seit Jahren nicht mehr im Dienst. Aber Geistlicher bleibt er sein Leben lang.

In dieser Nacht schlafe ich schlecht. Ich grüble zu viel und bin unsicher, weil ich nicht weiß, was auf mich zukommt.

Wie soll ich mich künftig verhalten? Ganz offen sagen, wer ich bin? Es wäre ein Schritt in einen ganz neuen Lebensabschnitt, ohne Lügen, ohne Vertuschen und Verschweigen. Wie wird es sich anfühlen, offen »Papa« sagen zu dürfen? Ich war sieben, als meine Mutter mir genau das verboten hat.

Heute bin ich 40 Jahre alt. Es ist viel Zeit vergangen seither, und ich habe mir abgewöhnt, das in Kirchenohren verräterische Wort in der Öffentlichkeit zu benutzen.

Wenn ich hingefallen bin und Schmerzen hatte, wenn es im Gebirge dunkel wurde und ich mich fürchtete, wenn ich einfach mal nachts die Wärme und Geborgenheit eines Vaters brauchte, immer habe ich mich gezwungen, nicht laut »Papa« zu rufen, und mir gerade am Anfang manches Mal richtig auf die Lippen gebissen, aus Angst, das Wort könnte mir herausrutschen.

Viele, viele Jahre später gilt das nun vielleicht nicht mehr. Damit muss ich mich erst zurechtfinden. Es ist noch zu neu. Aber ich bin an seiner Seite.

*

Papa freut sich riesig, als ich in seinem Münchner Klinikzimmer stehe. Er freut sich natürlich auf seine Weise, mit einem höflichen Lächeln und einem freundlichen Nicken. Der Habitus eines Pfarrers, sein ganzes Auftreten, es ist ihm in Fleisch und Blut übergegangen. Er hat in gewisser Weise immer seinen Talar an, auch im Bett.

Ich spiele mit, so wie immer, erzähle von Alltäglichkeiten, hole ihm einen Tee, begrüße die Schwester, die nach ihm sieht. Aber ich bin bedrückt, es ist unschwer zu erkennen, dass Papa Hilfe braucht, dauerhaft. Er ist vergesslich, insgesamt betreuungsbedürftig.

Seit einigen Jahren geht es eigentlich beständig bergab mit ihm. Eigentlich dürfte Papa nicht mehr allein wohnen. Ich lasse ihn jetzt aber erst einmal in Ruhe mit dem Thema. Doch die Situation muss bald geklärt werden.

Zum Abschied versichere ich ihm, dass ich für ihn da sei.

Die Reaktion schockt mich nicht mehr. Er brummelt etwas von »Es geht mir gut« und »Brauchst du nicht«.

Er ist eben noch genauso wie immer.

*

Die Behandlung dauert drei Wochen, und so lange muss er noch in der Klinik bleiben, bevor ich ihn, an zwei Krücken gehend, abhole und nach Ebersberg zurückbringe.

Hier lerne ich dieses Mal den Stadtpfarrer Dirk Wagner und seine Haushälterin Karin kennen und auch Papas Nachfolger im Klinikum, den Seelsorger Frank Weber. Sie haben auf mich gewartet, wollen mich dringend allein sprechen.

Wir treffen uns später im Klinikfoyer. Alle sind der Meinung, dass mein Vater eine Betreuung brauche. Es geht erst einmal um eine Haushaltshilfe, aber letztlich um einen Pflegeplatz, nach dem sie sich umsehen möchten.

Ich stimme sofort zu, bekomme aber auch das Donnerwetter mit, das mein Vater wenig später vom Zaun bricht. Er ist außer sich, schimpft, dass er niemanden in seine Wohnung lasse und wir es ja nicht wagen sollten, noch einmal so einen Unsinn zu erzählen.

Wir einigen uns dann darauf, ihn erst einmal in Ruhe ankommen zu lassen.

Kapitel 11

Papa ist schon wieder gestürzt und auch erneut im Krankenhaus, dieses Mal aber in Ebersberg, und jetzt ist es nicht der Fuß, den er sich gebrochen hat, sondern der Oberschenkelhals.

Frank Weber hat mich während einer Führung angerufen. Als ich die Nummer des Klinikums sah, begann mein Herz sofort zu rasen. Ich ahnte, was das bedeutet.

Nach der Schocknachricht kam aber schnell die Entwarnung. Er hat die Operation überstanden, es geht ihm gut, und er wird bestens versorgt.

»Reicht es, wenn ich morgen früh da bin?«, frage ich.

»Selbstverständlich. Wir kümmern uns alle. Machen Sie sich keinen Stress. Dann bis morgen.«

Als ich auflege, geht mir vieles durch den Kopf. Er wird noch eine Zeit lang im Krankenzimmer bleiben, aber ich brauche jetzt langfristig wirklich eine Lösung. Papa kann auf Dauer nicht mehr allein leben.

Eigentlich müsste ich mich jetzt trotz seines beharrlichen Widerstandes nach einem Heimplatz für ihn umsehen, aber ich weiß, dass er das nie mitmachen würde. Er reagiert seit seinem Fußbruch extrem bockig auf Hilfe, tobt immer sofort los, wenn ich eine Haushaltshilfe auch nur erwähne. »Hier kommt keiner rein, niemals«, brummelt er und schüttelt wütend den Kopf. Er ist trotzig und eigensinnig und lässt sich absolut keine Vorschriften machen.

Was muss ich mir da wohl anhören, wenn ich ihm einen Pflegeplatz vorschlage? Vermutlich setzt er mich gleich vor die Tür.

Als ich am nächsten Tag bei ihm bin, ist er sichtlich angegriffen. Er freut sich, mich zu sehen, das ist keine Frage. Aber er wirkt schwach und manches Mal auch etwas verwirrt.

Es klopft, und fast zeitgleich springt die Tür auf, und eine Schwester kommt herein.

»Oh Verzeihung, Sie haben ja Besuch, Herr Graml.«

Die Stationsschwester nickt mir freundlich zu und bringt neue Medikamente.

»Alles in Ordnung bei Ihnen, Herr Pfarrer?«, fragt sie freundlich und lächelt meinen Vater aufmerksam an. Sie ist engagiert und sehr fürsorglich, macht Small Talk mit ihm und verabschiedet sich höflich.

Ich sehe im Hinausgehen auf das Namensschild an ihrem Kittel.

»Schwester Irmhild, warten Sie einen Moment«, bitte ich sie und husche schnell mit ihr hinaus vor die Tür.

»Schwester Irmhild, es wäre schön, wenn Sie es nicht an die große Glocke hängen, aber ich bin die Tochter von Pfarrer Graml.«

Ich halte ihr meine Karte hin.

»Bitte rufen Sie mich an, wenn es etwas zu besprechen gibt.«

Irmhild scheint überhaupt nicht überrascht zu sein. Sie steckt die Karte in die Tasche und nickt.

»Frau Egger, okay! Ich melde mich.«

Ich bin mir in dem Moment sicher, dass meine Karte im Schwesternzimmer in irgendeiner Schublade landet. Hier ist einfach zu viel Trubel.

*

Schwester Irmhild ist in der Leitung. Sie hat meine Karte brav in die Schublade des Schwesternzimmers gelegt und meldet sich, weil Papa mal wieder mit lautem Getöse einen Behandlungstermin abgesagt hat.

»Wir können ihn nicht gegen seinen Willen behandeln. Aber es muss sich jemand kümmern. Er kann nicht allein bleiben«, sagt sie ernst.

Ich rede nicht mehr lange drumherum, sage sofort »Ich komme« und bedanke mich ehrlich.

Am nächsten Morgen bin ich bereits unterwegs. Aber in der Klinik erwartet mich eine neue Überraschung.

»Was machst *du* denn hier?«

Papa öffnet mir die Wohnungstür und sieht mich irritiert an.

»Du? Du hier?«

Es dauert, bis er realisiert, dass er Besuch bekommt. Er ist zunehmend verwirrter. Ich mache mir Sorgen.

Plötzlich strahlt er mich an. »Komm rein. Das ist ja schön. Gut, dass du da bist. Du musst nämlich wissen, ich bin gestürzt.«

»Ich weiß«, sage ich freundlich. »Ich habe dich doch deshalb schon vor einer Woche im Krankenhaus besucht. Erinnerst du dich nicht mehr?«

»Doch, doch, ja klar, natürlich«, sagt er schnell, und es ist ihm offensichtlich peinlich, dass er das vergessen hat.

Papa sieht immer noch schlecht aus und hat Mühe, sich überhaupt zu bewegen.

Ich wundere mich nicht. Ein Oberschenkelhalsbruch ist für einen Mann mit 79 Jahren keine Kleinigkeit.

»Hat dich jemand angerufen?«, will Papa wissen und quält sich vor mir her zum nahen Sofa.

Ich übergehe die Frage, hake ihn schnell unter und helfe

ihm, sich zu setzen. Ich bin schockiert, versuche aber, mir meine Gefühle nicht anmerken zu lassen.

Das Zimmer sieht chaotisch aus. Papa hat anscheinend seine wenige Kleidung schon lange nicht mehr in den Schrank geräumt. Auf den beiden Sesseln liegen Hemden und Strickjacken. Auf dem Schreibtisch stapeln sich Unterlagen. Dazwischen liegen Kontoauszüge und jede Menge ungeöffnete Post. Es ist überdeutlich, er braucht Hilfe, in jeder Hinsicht.

»Ach, Veronika, ich bin nicht gut drauf heute. Ich glaube, das Essen war nicht gut.«

»Dann hole ich dir gleich etwas Leckeres aus der Kantine, okay. Was magst du denn?«

»Nein, nein, lass mal.«

Er schiebt sich ein Kissen in den Rücken und sieht mich an. Aber sein Blick ist nicht aufmerksam, sondern seltsam leer, so, als wären seine Gedanken ganz woanders.

»Dann koche ich uns wenigstens einen Tee«, sage ich schnell, auch um die Stimmung etwas zu lockern.

Doch in der kleinen Küche vergeht mir der Appetit auf Tee. Überall stehen benutzte Kaffeebecher, Brotteller, schmutzige Kochtöpfe, und dazwischen liegen zusammengeknüllte Brötchentüten und eine Zeitung. Geschirrtücher befinden sich kreuz und quer auf den Ablagen, und in einer Ecke stehen ein Topf mit einem gekochten Ei und ein Teller mit halb verschimmelten Apfelschalen. Es riecht muffig. Vermutlich ist schon tagelang nicht gelüftet worden.

»Meine Güte, Papa«, murmle ich und schüttle den Kopf. So kann es nicht weitergehen.

Papa hatte sich nach seinen Stürzen insgesamt immer wieder berappelt. Auch in der Wohnung war es recht ordentlich. Aber das Durcheinander heute, das ist neu. Ich bin entsetzt.

»Wann kommt denn der Tee?«, ruft er ungeduldig. Er sitzt in einer Schlabberhose und einem Schlafanzugoberteil auf dem Sofa, trommelt nervös auf der Lehne herum und sieht wirklich bemitleidenswert aus.

Ich setze schnell Teewasser auf und bringe etwas Ordnung in die kleine Küche.

»Pfefferminztee? Den magst du doch gern, nicht wahr?«, rufe ich ihm zu, und statt eines klaren »Ja« kommt nur noch ein leises »Gut«.

Als ich den Küchenschrank öffne, durchzuckt es mich. Hier stehen jede Menge leere Schnapsflaschen. Die kann er doch unmöglich alle allein ausgetrunken haben, denke ich und verstaue die Flaschen schnell in zwei großen Plastiktüten, um sie später mitzunehmen. Es muss niemand aus der Klinik sehen, was Papa hier offensichtlich wegtrinkt.

Als ich uns den Tee hinstelle, ist mein Vater bereits eingeschlafen. Ich beuge mich über ihn und erschnuppere den Atem. Es riecht nicht nach Alkohol. Er scheint wirklich sehr schwach zu sein.

Ich bin zutiefst erschrocken. So schlimm hatte ich es mir nicht vorgestellt. Gut, ich habe natürlich gemerkt, dass er sich schlechter konzentrieren kann, viel vergisst, mir häufig an einem Abend zigmal das Gleiche mitteilt.

Ich habe schon an eine beginnende Demenz gedacht, zumal auch seine zunehmende Bockigkeit zum Krankheitsbild passt. Aber all das stufte ich, wenn schon, dann als Anfangsstadium ein und dachte, ich hätte noch viel Zeit, mir über all die Konsequenzen Gedanken zu machen.

Doch der letzte Sturz und die anschließende OP haben alles massiv verschlimmert. Was ich heute erlebe, ist mehr als ein Anfang. Es ist ein rasant fortschreitender Prozess. Papa braucht Hilfe.

Aber was soll ich bloß machen?

So, als wären meine Gedanken gleichsam übergesprungen, klopft es ausgerechnet jetzt an der Tür, und wir bekommen Besuch von Pfarrer Wagner und seiner Haushälterin Karin, die beide genauso besorgt sind wie ich.

»Wir brauchen dringend einen Pflegeplatz«, meinen beide, als wir zu dritt in der Küche stehen und sicher sind, dass Papa schläft.

An diesem Tag bilden wir eine WhatsApp-Gruppe, damit wir uns alle über Papa informieren können. Stadtpfarrer Wagner ist dabei, Klinikseelsorger Weber, Karin, ein paar Freunde meines Vaters und ich, das Kind, das es eigentlich nicht geben darf und das jetzt die Hauptansprechpartnerin ist. Verrückte Welt!

Ich bin überrascht, wie herzlich sich alle um mich versammeln und wie unbekümmert wir uns austauschen. Keine Vorbehalte, keine abfälligen Andeutungen. Nichts. Hier haben sich einfach nur liebenswerte Menschen organisiert, die meinen Vater schätzen und ihm helfen wollen. Ich bin gerührt und sehr bewegt.

Als ich an diesem Abend gehe, fahre ich nicht mehr nach Hause, sondern übernachte in einer kleinen Pension. Ich möchte noch ein bisschen in Papas Nähe bleiben. Er braucht mich.

*

Vor mir liegt ein spannendes Wochenende. Ich bin zum »Kriminal Dinner« bei einer Freundin in Schliersee eingeladen und freue mich sehr auf das ungewöhnliche Treffen.

Auf dem Weg dorthin besuche ich noch ein weiteres spannendes Event: Der Weihnachtsbaum, der 2019 den Stachus, das berühmte Herzstück Münchens, schmückt, kommt dieses Jahr aus unserem Landkreis, und ich denke mir, es wäre schön, beim Aufstellen dabei zu sein.

Es passt gut, denn ich wollte sowieso noch meinen Vater besuchen. Allerdings bin ich mit einem Betreuungskonzept für ihn noch nicht wirklich weiter. Ich habe mit der Caritas gesprochen, mich auch nach einem Pflegeheimplatz umgesehen. Alles ist möglich, aber das Problem ist Papa selbst. Er reagiert auf keinen meiner Vorschläge, mault und tobt, sowie ich das Gespräch darauf bringe und darauf dränge, dass wir uns entscheiden müssen.

Die WhatsApp-Gruppe gibt mir ein bisschen Sicherheit, weil alle regelmäßig nach ihm sehen und in die Gruppe stellen, was aktuell von Interesse ist. Ich wohne am weitesten weg und kann nicht täglich vorbeischauen, bin aber so immer auf dem Laufenden, und das beruhigt mich sehr.

Dazu kommt, dass Papa nach wie vor jeden Abend bei mir anruft und dabei auch recht munter wirkt. Gut, er scheint noch schusseliger geworden zu sein und erzählt immer davon, dass er Reisen mit einer Seniorengruppe plane, hat aber schon fünf Minuten später das Reiseziel vergessen.

Ich lasse ihn erzählen, was ihn beschäftigt, und glaube, dass ihm das hilft, sich im Alltag zurechtzufinden.

Doch in der Nacht vor meiner Tour nach München schlafe ich schlecht. Ich bin irgendwie unruhig und nervös. Mehrmals werde ich wach, träume schlecht, fühle mich innerlich aufgewühlt. Etwas stimmt nicht, ich spüre es. Ob etwas mit meinem Vater ist?

Das Gefühl lässt mich die ganze Nacht nicht los, und ich zähle die Stunden, bis ich endlich anrufen kann. Ich mag meinen Vater nicht aus dem Schlaf reißen, weiß aber, dass er ab 7 Uhr eigentlich immer wach ist.

Noch im Bett liegend rufe ich ihn an.

Aber er meldet sich nicht.

Ich versuche es mehrmals vergeblich und bin in großer Sorge. Es kann gut sein, dass er wieder gestürzt ist.

Ich blicke auf die Uhr. Ich muss bald zum Zug, wenn ich die Veranstaltung pünktlich erreichen will. Oder soll ich am Münchner Bahnhof lieber umsteigen, gleich weiter zu ihm fahren und das Weihnachtsbaumaufstellen besser ausfallen lassen?

Ich bin unsicher, weiß nicht, was richtig ist. Dann rufe ich Karin an. Vielleicht ist sie so lieb und fährt kurz zu meinem Vater hinaus. Es sind von ihr aus nur ein paar Minuten mit dem Auto.

Karin ist zauberhaft und sagt sofort zu.

Ich bin deshalb ein bisschen ruhiger, als ich mich in den Zug setze. Vermutlich sehe ich Gespenster.

In der letzten Zeit war sehr viel zu tun. Ich bin wohl nur überlastet, und deshalb dreht sich zu viel in meinem Kopf.

Kurz vor München klingelt mein Handy. Ich sehe Karins Nummer im Display. Gleich wird sie meine Zweifel zerstreuen.

Doch das Gegenteil ist der Fall.

»Veronika, du musst sofort kommen«, sagt sie, und ihre Stimme klingt ernst, sehr ernst.

Mein Herz poltert. Ich will nicht zu Ende denken, was mir gerade droht, den Boden unter den Füßen wegzuziehen.

»Was ist los?«, frage ich, die Antwort bereits ahnend.

»Dein Vater ist tot. Es tut mir sehr leid«, bestätigt Karin meine schlimmsten Befürchtungen.

Ich fahre gerade in den Münchner Hauptbahnhof ein. Es ist ein kalter, trüber Tag. Die grauen Häuserzeilen sausen an mir vorbei, und in mir herrscht eine große, tiefe Leere.

Eigentlich wollte ich jetzt zum Marienplatz gehen und die festliche Weihnachtsstimmung genießen, aber jetzt umhüllen mich nur tiefe Trauer und Schmerz. Wie in Trance laufe ich über den Bahnsteig und steige in den nächsten Zug nach Ebersberg.

Mein Vater ist tot.

Ich brauche Zeit, um das zu realisieren. Und während mich der Zug zu ihm bringt, kullern mir dicke Tränen über das Gesicht.

*

Als ich in die Wohnung komme, hat man meinen Vater schon weggebracht. Aber das Bild, das mich erwartet, ist trotzdem erschütternd. Auf dem Boden liegen verstreut jede Menge Papiere, dazwischen Kleidungsstücke. Hat er hier um sein Leben gekämpft? Musste er leiden?

Karin steht in der Küche und schafft etwas Ordnung. Als sie mich sieht, geht sie sofort auf mich zu, nimmt mich fest in den Arm. Sie zittert.

»Ach, Veronika, das ist alles so schlimm. Ich bin froh, dass du ihn nicht gefunden hast.«

Sie erzählt mir, dass mein Vater ausgestreckt vor dem Sofa gelegen habe und um ihn herum die Unterlagen verstreut gewesen seien. Ob er mit den Papieren in der Hand gestürzt ist oder sie im Todeskampf vom Tisch gerissen hat, kann niemand mehr sagen. Der herbeigerufene Arzt konnte nicht mehr helfen. Er geht aber von Organversagen aus.

Ich höre Karin zu, mit klopfendem Herzen, und bin im Moment völlig hilflos. Ich weiß gar nicht, was ich jetzt machen soll. Zu viel stürmt auf mich ein, denn ständig klopft es an der Tür und jemand spricht mir sein Beileid aus, stellt Fragen, braucht Infos.

Irgendjemand fragt, ob ich eine Obduktion möchte, ein anderer, welches Beerdigungsinstitut kommen solle. Ich bin durcheinander und weiß im Moment auf nichts eine Antwort.

»Fahr nach Hause, und erhol dich erst einmal von dem Schreck«, sagt Frank. Karin stellt mir einen Tee hin, und ich versuche, zur Ruhe zu kommen.

Wir besprechen noch ganz in Ruhe ein paar organisatorische Fragen. Dann möchte ich in meine Pension. Der Marienplatz, er spielt jetzt keine Rolle mehr.

»Weißt du, wann ein Bus fährt?«, fragt Karin besorgt. »Oder schläfst du in Ebersberg?«

Ich nicke.

»Ich habe die Pension gebucht und fahre jetzt erst einmal dorthin, und dann überlege ich später, ob und wie ich heute noch nach Hause komme. Ich brauche erst einmal Ruhe.«

Kaum in der Pension angekommen habe ich Martin, unseren Bürgermeister aus Schönberg, am Telefon.

Er ist arglos, möchte wissen, wie die Christbaumaufstellung in München gewesen sei und was der Landrat gesagt habe.

Ich komme wie aus einer anderen Welt, erkläre nichts und sage nur drei Worte: »Papa ist tot!«

Martin ist ein junger und sehr kompetenter Lokalpolitiker, mit dem ich bereits etliche Projekte gestalten durfte und den ich sehr schätze. Aber was er mir jetzt sagt, werde ich ihm nie vergessen. Er fragt nicht, ob er mir helfen könne. Er sagt ebenfalls nur drei Worte. »Ich hole dich!«

Keine drei Stunden später steht sein Wagen vor der Tür, und ich steige, überaus dankbar, bei ihm ein und bin froh, so behütet nach Hause zu kommen.

Auf der Rückfahrt reden wir viel. Ich schütte mein Herz aus und schätze es sehr, dass er zuhört, mich einfach nur sprechen lässt, von meinem Vater, meiner ungewöhnlichen Kindheit und meinen schlimmen Eindrücken heute in der Klinik.

Zu Hause fängt mich meine Mutter auf. Sie hat zwar vor vielen Jahren schon mit meinem Vater abgeschlossen und den Kontakt seither auf das Notwendigste reduziert, aber sein Tod trifft sie dennoch zutiefst.

»Wir hätten uns eigentlich noch so viel zu sagen gehabt«, sagt sie leise, und dann macht sie das, was sie immer gemacht hat, seit ich denken kann: Sie nimmt mich in den Arm und hält mich fest.

Später sitzen wir noch zusammen und geben uns gegenseitig Halt. Wir sprechen viel, darüber, wie schwierig Papa war, aber auch über die schönen Momente, die wir mit ihm verbinden.

Als ich am Abend zu Bett gehe, geht es mir besser. Der erste Schock ist einem »Weiter so« gewichen, und ich wappne mich für die kommenden Tage. Denn ich bin die einzige Hinterbliebene und muss jetzt das Leben meines Vaters »abwickeln«, allein.

Aber ich erlebe eine große Überraschung. Denn ich bin keinesfalls allein, im Gegenteil, ich werde von einer richtigen Welle an Unterstützung überrollt. Eine Freundin aus Schönberg will sich extra freinehmen, um mich zur Beerdigung zu begleiten. Die Klinikleitung bietet mir an, sich um Papas Wohnung zu kümmern. Ich soll ohne Stress mitnehmen dürfen, was ich mir wünsche, und um den Rest werden sie sich kümmern. Ich bin erleichtert. Die Stadtpfarrei nimmt mir die Organisation der Beerdigung ab, und Karin hilft mir bei dem ganzen Papierkram. Ich bin sehr, sehr dankbar für all die Hilfe.

*

»Veronika, ich habe ein Anliegen …«

Rolf, einer der Studienkollegen und ein langjähriger Freund meines Vaters, ist am Telefon. Ich weiß wenig von ihm, nur dass er Pfarrer in München ist. Papa hat zwar einige Male von ihm erzählt, aber ich kann nicht sagen, was er über die Situation im Allgemeinen weiß. Also bin ich erst einmal auf der Hut.

Morgen ist die Beerdigung, und mir graut wirklich davor. Für die Stadtkirche haben sich bereits über 100 Trauergäste angemeldet, und ich fürchte mich ein bisschen davor, dass es mal wieder unangenehme Situationen geben wird.

Mama möchte nicht kommen. Sie will nicht mehr schräg angesehen werden und scheut auch die Fahrt.

Aber ich möchte da sein, weil es sich mein Vater gewünscht hätte, da bin ich mir sicher. Ich will ihn aber nicht bloßstellen und werde mich sehr zurückhalten. Ein Plätzchen in den hinteren Reihen kann jedoch nichts Verwerfliches sein.

Und jetzt ist auch noch plötzlich Rolf in der Leitung und hat ein Anliegen. Ich bin auf alles gefasst.

»Ja gern, wenn ich helfen kann!«, antworte ich zögerlich und rechne insgeheim damit, dass er vielleicht ein Erinnerungsstück möchte, eine von Papas Predigten, eine kleine Schnitzarbeit, irgendetwas, das ihn an meinen Vater erinnert. Vielleicht will er auch an mich appellieren, der Beerdigung fernzubleiben, um das Ansehen meines Vaters nicht nachträglich noch zu beschädigen. Alles ist möglich!

Aber Rolf will etwas ganz anderes.

»Ich halte die Trauerrede für deinen Vater, Veronika, und ich möchte dich ansprechen. Du bist seine Tochter und damit die erste Ansprechpartnerin …«

Ich schlucke.

»Woher weißt du das, Rolf?«

»Von deinem Vater. Er hat es mir gleich nach deiner Geburt erzählt. Er hat sich übrigens sehr über dich gefreut. Seine Studienkollegen und engen Freunde wussten schon immer von dir, und er hat manchmal auch von dir gesprochen.«

»Ich möchte kein Aufsehen, Rolf. Es geht um meinen Vater und seine Verdienste, und davon möchte ich mit meinem Auftauchen nicht ablenken.«

»Du lenkst nicht von deinem Vater ab, Veronika. Im Gegenteil. Wir werden deinem Vater gerecht, wenn du die Rolle bekommst, die dir zusteht.«

»Aber was sollen denn die Leute denken?«

»Was sie die ganze Zeit schon denken. Es weiß doch jeder, dass du seine Tochter bist.«

Ich bin baff.

»Aber … aber …« Ich verhasple mich. »Wie kommst du darauf? Was ist denn zum Beispiel mit eurer Skatgruppe? Wissen da alle, dass ich die Tochter bin?«

»Oh ja, und nicht nur unsere Skatgruppe. Es hat sich längst herumgesprochen. Dein Vater wollte Probleme vermeiden, für dich, deine Mutter und auch für sich selbst. Deshalb posaunte er nicht immer sofort heraus, dass er ein Kind hat. Aber er hat es auch nie abgestritten. Nimm es bitte einfach so hin.«

»Meinst du wirklich, dass es eine gute Idee ist«, frage ich zögerlich.

»Es ist keine Idee, sondern eine Selbstverständlichkeit. Ich wollte nur dein Einverständnis, damit du dich nicht überrumpelt fühlst. Kommt die Gerti eigentlich auch mit?«

»Nein, sie scheut die Öffentlichkeit.«

»Das kann ich verstehen. Grüße sie bitte von mir. Du bist also einverstanden? Okay?«

Ich zögere nicht mehr.

»Natürlich. Es ist ja die Wahrheit.«

*

Die Kirche ist festlich geschmückt. Vorn im Altarraum ist ein Eichensarg aufgebahrt. Davor steht ein Bild meines Vaters.

Es ist ein besonders schönes Bild, auf dem er mit warmen, gütigen Augen den Zuschauer gefangen nimmt, und ich habe Mühe, meine Tränen zurückzuhalten.

Ich sitze in der ersten Reihe. Ich, Veronika Egger, die keiner haben wollte, die in keinem Verein dabei sein durfte und mit der niemand spielen mochte, der man eine Ausrede nach der anderen präsentierte, damit man sich nicht mit ihr abgeben musste. Ich sitze jetzt in der ersten Reihe, angesprochen und anerkannt von einem Vertreter der Kirche, die alles darangesetzt hat, damit mein Vater mich nicht aufwachsen sehen und nicht mit seiner Familie zusammen sein konnte.

Und jetzt sitze ich hier, umgeben von ehemaligen Gemeindemitgliedern, die meinem Vater die letzte Ehre erweisen. Viele von ihnen habe ich jahrelang nicht gesehen. Es sind auch die dabei, die mich als Kind gemieden haben. Ich war fünf, sechs Jahre alt, unschuldig und hilflos, und sie haben sich das Maul zerrissen und sich gefreut, dass niemand mit mir, dem Bankert, etwas zu tun haben wollte.

Ich denke an meine Mutter, die man durch üble Nachrede und Ausgrenzung in die Isolation getrieben hat, der Einzelne sogar »zur Strafe« die Einkommensgrundlage entziehen wollten, weil sie einen Mann liebte, der nicht lieben darf. Das war ihr Verbrechen.

All das gilt jetzt nicht mehr. Ich sitze in der ersten Reihe und lausche Rolfs Worten.

»Wir sind in Gedanken bei Veronika, der Tochter des Verstorbenen.«

In mir bebt es. Aus Schmerz über den Verlust meines Vaters, aber auch aus einer tiefen inneren Genugtuung heraus. Ich war ein Kind, das nicht sein durfte. Und heute bin ich eine Frau, die gut so ist, wie sie ist. Das ist schön!

Der Rest der Trauerrede verschwimmt hinter einem Schleier aus Tränen.

Auf dem Weg zum Grab gehe ich als Erste hinter dem Sarg her, begleitet von Papas Cousinen, und vor den vielen Würdenträgern, die unserer kleinen Familie das Leben so schwer gemacht haben.

Dieses Mal ducke ich mich nicht weg. Ich gehe selbstbewusst, mit dem sicheren Schritt, für den ich meinen Vater immer so bewundert habe. Gut, dass er das immer mit mir geübt hat, muss ich innerlich schmunzeln!

Rolfs Worte waren letztlich das i-Tüpfelchen, das mich für die Zukunft stark machen wird. Ich stelle mich denn auch wie selbstverständlich ans Grab und nehme wie selbstverständlich die Beileidsbekundungen entgegen.

Es sind auch zahlreiche Kirchenvertreter anwesend, die mir mit ehrlicher Anteilnahme die Hand drücken. Es scheint nun auf einen Schlag alles anders zu sein. Ist es nur die Zeit, die all die Gehässigkeiten anscheinend weggeweht hat? Ist der Standpunkt der Kirche weniger wichtig geworden oder die Einstellung der Menschen offener? Verurteilen wir weniger? Oder sind es doch nur Schauspielereien am Grab, und ist hinter den Kulissen alles wie früher? Ich weiß es nicht.

Später treffen wir uns beim traditionellen Leichenschmaus bei einem Italiener. Wie üblich weicht auch jetzt die Trauer einer gelösten Stimmung. Es wird gelacht, gescherzt, und ich bin für alle Josefs Veronika. Man geht so unbekümmert und unverkrampft mit mir um, wie ich es nie für möglich gehalten hätte. Gemeindemitglieder umarmen mich plötzlich, erzählen mir, warum sie meinen Vater so liebten. All die Beleidigungen, die

Störmanöver – niemand ist es scheinbar gewesen. Ich bin für niemanden mehr ein Problem.

Können sich Menschen so ändern?

Aber bevor ich nachdenklich werde, streckt sich mir von irgendwoher schon wieder eine Hand entgegen, richten sich tröstende Worte an mich. Ich muss meine skeptischen Gedanken vertagen.

Nach der Beerdigung gehe ich noch zurück in Papas Wohnung und bin sehr dankbar, dass ich noch einmal allein dort sein kann.

Ich koche mir einen Kaffee, setze mich auf sein altes, längst durchgesessenes Sofa, und dann sehe ich mich um, ganz bewusst.

»Das war also dein Leben, Papa«, sage ich leise. »Hier hast du fast 40 Jahre verbracht.«

Es wirkt auf mich wie ein Versteck, ein Fluchtpunkt vor der Wirklichkeit. Seine Höhle.

»Wie wäre dein Leben verlaufen, wenn du dich gestellt und für uns entschieden hättest? Leichter? Schwerer?«, frage ich mich.

Ich sehe aus dem Fenster in den Himmel. Ob er mir zusieht, mich versteht?

Ach was, es bringt nichts, darüber zu philosophieren.

Es wäre auf jeden Fall anders geworden, das ist sicher. Doch niemand kann es wissen.

Ich nippe an meinem Kaffee, und viele weitere Gedanken schießen mir durch den Kopf.

Was hat ihn in all den Jahren hier bewegt? Mein Vater war immer ein geselliger Mann. Er war bei den Menschen beliebt und hatte für jeden immer ein freundliches Wort auf den Lippen. Das ist zumindest das, was er nach außen hin gezeigt hatte.

Aber was steckte hinter der so gewinnenden Fassade? Was hat er gefühlt, wenn er abends hier allein auf dem Sofa saß? Hat er gezaudert? Seine Entscheidung bereut? Hat er gelitten, geweint und irgendwann erkannt, dass er nichts mehr in Händen hielt?

Irgendwann in diesen Jahren kam wohl der Alkohol ins Spiel. Damit der Platz neben ihm auf dem Sofa nicht mehr so leer war oder der Kopf nicht mehr so voll? Schade, Papa, dass du es nie geschafft hast, mit mir darüber zu reden. Es hätte uns beiden geholfen, das Leben zu fühlen.

Ich blicke auf den Schreibtisch mit der Schreibmaschine darauf. Wie viele Stunden hat er hier gesessen? Er hat, solange ich ihn kenne, auf dieser Maschine getippt. Es ist seine erste und einzige. Papa hasste moderne Technik. Bis zum Schluss. Er hasste überhaupt alles Neue. Papa hat sich aus solchen Sachen nichts gemacht.

Ich sehe auf die Heiligenfiguren, die fein aufgereiht an einer Wand stehen. Der heilige Franziskus, den hat er immer so gemocht. Es gab ihn schon, als ich noch ein Kind war. Oder den kleinen Engel, den er bei unserem Vermieter in Auerschmied gekauft hat und den ich so bewundert und geliebt habe. Ich erinnere mich noch genau daran, dass er die Figur fein eingewickelt in den Kofferraum legte, dabei wollte ich sie so gern behalten. Aber meine Tränen haben Papa nicht gerührt.

»Der kommt zu mir, basta!«, hat er damals grob gesagt, ein Satz, den ich wie einen Stich in meinem Herzen empfunden habe. Rückblickend ist es natürlich nur eine Kleinigkeit, aber für eine Fünfjährige war es sehr schmerzhaft. Ja, auch das war Papa. Grob, ungelenk und kalt.

Viele Ungereimtheiten bleiben zurück. Ich wünschte mir, wir hätten einmal offen reden können. Aber das Korsett, das ihm die Kirche umlegte, hat das nie zugelassen. Man will keine offenen, vielschichtig empfindenden Menschen dort. Man will Einheit und Geschlossenheit demonstrieren. Ich glaube, dass es vielen Geistlichen so ergeht wie meinem Vater. Sie verlieren sich in diesem System.

Schon in wenigen Tagen wird es das hier alles nicht mehr geben. Die Wohnung wird aufgelöst, und damit verwischen auch die letzten Spuren meines Vaters.

Ich solle mitnehmen, was ich als Erinnerungsstücke behalten wolle, hat man mir angeboten. Ich muss nicht lange überlegen. Ich möchte meinen Vater mit dem in Erinnerung behalten, was er geliebt hat. Ich möchte seine Schreibmaschine und seinen Schreibtisch. Beides kommt in das Zimmer, das er immer bewohnt hat, wenn er in Schönberg war. Und ich nehme den Engel, den ich schon damals so gern behalten hätte.

Als ich ihn einwickle, sehe ich wieder aus dem Fenster und zwinkere Papa zu.

»Er wird es gut bei mir haben, versprochen!«

Kapitel 12

»Weißt du, es ist schön, dass wir alle zusammen sind. Der Josef sieht jetzt zu und freut sich bestimmt riesig, dass er uns hier sitzen sieht.«

Franz, Papas bester Freund, wie ich jetzt weiß, nimmt seinen Rucksack ab und holt drei Stück Kuchen daraus hervor, die er, noch eingepackt, auf den Tisch legt.

Franz und mein Vater kennen sich aus der Klinik, haben fast vier Jahrzehnte dort gemeinsam gearbeitet. Franz zuletzt als Küchenchef.

»Jetzt lassen wir es uns erst einmal gut gehen. Setzt euch, ich öffne gleich die Hütte, und dann brühe ich uns einen frischen Kaffee.«

Mama und ich machen es uns auf der Bank bequem und genießen den Blick in diese fantastische Landschaft. Ich sehe das gewaltige Alpenmassiv vor mir, dessen Spitzen jetzt noch eine dicke Schneekappe tragen. Die Fichten um uns herum haben schon frischgrüne Wipfel, und auf den Wiesen, die sich so malerisch vor uns ausbreiten, wachsen bunte Schlüsselblumen. Ein Paradies! Die klare Bergluft riecht heute besonders würzig, und aus der Ferne höre ich das Klimpern einer Kuhglocke.

Es war Franz' Idee, mit mir und meiner Mutter zur Hütte am Schliersee zu wandern. Wir haben uns den ersten richtigen Frühlingstag dafür ausgesucht, und als wir jetzt oben auf der Bank ausruhen, bin ich erschöpft und gerührt gleichzeitig.

Bilder von Papa tauchen vor mir auf. Es ist mehr als 30 Jahre her, dass wir gemeinsam hier oben waren. Das ist wie ein gewaltiger Zeitsprung. Vieles hat sich verändert, aber die atemberaubende Kulisse ist geblieben.

Franz stößt vom Inneren der Hütte die Holzklappen auf, lächelt uns zu.

»Ich bringe euch gleich Teller«, meint er fröhlich, aber wir stehen beide sofort auf, um ihm zu helfen.

»War Papa glücklich hier?«, frage ich wenig später, als ich in der winzigen Küche den Papierfilter einlege.

Franz bestätigt das nachdrücklich. »Und wie, ich glaube, es war der Platz, den er am meisten geliebt hat. Im Krankenhaus schien er manches Mal etwas kribbelig zu sein und gestresst. Das war ja kein Wunder. Er hatte vielfältige Aufgaben und stellte ja auch immer noch etwas nebenbei auf die Beine. Du kanntest ihn. Er war immer rührig.«

»Und hier?«

»Hier war er zufrieden. Sogar wenn er eine Gruppe nicht immer unproblematischer Jugendlicher um sich hatte. Aber die Stille, die Natur, all das schien ihm gutzutun.«

Ich gieße das heiße Wasser in den Filter und nutze die Gelegenheit, um eine wichtige Frage zu stellen.

»Sag mal, Franz, hat er nie von mir erzählt?«

Franz legt mir den Arm um die Schulter.

»Das kann ich dir nicht genau beantworten. Er hat bestimmt von dir und der Gerti erzählt, aber er verriet nie, wie er zu euch steht, zumindest mir nicht. Ich hatte wirklich in all den Jahren keine Ahnung.«

Ich nicke und scheine etwas traurig auszusehen, denn Franz bleibt bei dem Thema.

»Veronika, du darfst es nicht so sehen, dass er nicht an dich gedacht hat. Ich glaube, ihr wart immer in seinen Gedanken, aber er wollte sein Amt nicht gefährden. Ich glaube, er wollte ›unter dem Radar leben‹, wie man es in der DDR immer so schön ausgedrückt hat. Er wollte nicht auffallen und beide Leben leben, eins im Amt und ein weiteres mit der Familie.«

»Und? Glaubst du, es ist ihm gelungen?«

Franz schüttelt den Kopf.

»Nein, es hat ihn innerlich zerfressen. Er war zum Schluss ruhelos und ohne Kraft und hat seine innere Zerrissenheit mit Alkohol zu ertränken versucht.«

»Interessant, denn genauso habe ich es auch empfunden.«

»Nicht nur du, ich habe in den letzten Monaten mit vielen Menschen aus seiner engeren Umgebung gesprochen. Es haben alle so empfunden.«

Franz greift nach der jetzt gefüllten Kaffeekanne und zu drei Bechern.

»Komm, gehen wir nach draußen.«

Er sieht sich noch einmal zu mir um.

»Ganz klar, es ist ihm nicht gelungen. Ich denke, er ist genauso ein Opfer, wie ihr welche seid.«

Ich schließe die Augen. Das ist genauso traurig wie wahr.

Wir bleiben an dem Tag lange auf der Hütte, reden von früher, aber auch davon, was aus der Hütte werden soll. Franz hat einen Plan. Bislang haben er, mein Vater und ein weiterer Mieter sich die Hütte geteilt. Jetzt wird Franz allein den Mietvertrag übernehmen, und er hat noch eine Überraschung für uns.

»Ich werde der Hütte den Zweitnamen ›Pfarrer-Graml-Hütte‹ geben, damit etwas von deinem Vater bleibt, Veronika«, sagt er schließlich und hat dabei Tränen in den Augen.

Ich bin gerührt. Franz ist ein echter Freund. Ich hoffe, mein Vater hat das gewusst.

Meine Mutter hält sich die ganze Zeit zurück. Sie hat kein Interesse, über meinen Vater zu sprechen. Stattdessen genießt sie den Ausblick und Franz' leckeren Blechkuchen.

Als wir uns am Nachmittag wieder ins Tal aufmachen, hat Franz aber noch etwas vor mit uns.

»Lasst uns beim Bauern vorbeigehen. Der freut sich bestimmt, euch mal kennenzulernen.«

»Das glaube ich nicht«, wirft Mama sofort ein. Und erzählt, dass genau diese Bäuerin damals im »Gästehaus Martina« aufgetaucht sei und die Hotelchefin habe dazu bewegen wollen, ihr, dem Priesterflittchen, zu kündigen.

»›Die hat unseren Pfarrer verführt. Die kann hier nicht bleiben!‹, soll sie gesagt haben«, erzählt meine Mutter.

Franz ist erschüttert.

»Und? Hast du denn deine Arbeit verloren?«, fragt er betroffen.

Mama schüttelt den Kopf. »Zum Glück nicht. Das wäre für mich und die Veronika schrecklich gewesen. Wir waren sowieso schon immer knapp bei Kasse. Ich brauchte den Verdienst unbedingt. Aber die Chefin hat zum Glück glasklar verkündet: ›Die Gerti bleibt, basta!‹ Sie hat immer zu mir gestanden. Es waren nicht alle Menschen hier gehässig.«

»Die Bäuerin ist verstorben, Gerti. Und mache dir bitte keine Sorgen. Ich kenne die Schwiegertochter gut, und glaub mir, sie freut sich sehr.«

Nach wenigen Minuten sind wir angekommen. Eine Frau steht am Fenster und winkt Franz zu.

»Seht mal, das ist die Ursel. Lasst uns schnell ›Grüß Gott‹ sagen.«

Winkend geht Franz uns voran auf den Hof zu, und ich habe ein mulmiges Gefühl, weil ich auf keinen Fall möchte, dass jemand meiner Mutter wehtut.

Aber genau das Gegenteil ist der Fall. Die Ursel ist schnell die Treppe heruntergelaufen und kommt freudestrahlend auf uns zu.

»Das muss die kleine Veronika sein«, sagt sie fröhlich und nimmt mich herzlich in die Arme, drückt mich liebevoll.

»Und Gerti, wie schön, dich zu sehen. Es ist toll, dass ihr mal bei uns seid. Wart ihr auf der Hütte? Habt ihr schon von Franz' Plänen gehört?«

»Ja, ich bin ganz gerührt.«

»Weißt du, Veronika, dein Vater hat hierhergehört. Das ist seine Heimat. Ich freue mich, dass der Name an der Hütte ihn ein bisschen weiterleben lässt. Für uns ist es eine große Ehre.«

Wir plaudern noch ein bisschen über meinen Vater, seine lockere Art, alle um den Finger zu wickeln, und sein riesengroßes Herz.

»Weißt du, dein Vater, der hat sein Amt mit Leben ausgefüllt, wie es so schnell niemandem mehr gelingen wird. Er war Pfarrer durch und durch«, meint Ursel.

Ich nicke, und langsam gewinnt in meinem Herzen Milde gegenüber der Vergangenheit die Oberhand.

Als wir am Abend zurück nach München fahren, sage ich Franz von Herzen Danke!

»Es war schön, das alles noch einmal zu erleben. Es hat mir den Papa noch ein bisschen nähergebracht.«

»Das wollte ich damit«, meint Franz und wünscht sich, dass wir uns auch künftig nicht aus den Augen verlieren.

»Es ist schade, dass wir die Uhr nicht zurückdrehen können. Ich hätte euch beide gern schon in all den Jahren zuvor hier erlebt.«

*

»Wann können Sie anfangen?«

Der Anruf kommt gerade richtig. Durch die Corona-Maßnahmen liegt mein Geschäft auf Eis. Schönberg hat keine Touristen mehr und die Busreiseleitungen und Führungen im Nationalpark sind bis auf Weiteres ausgesetzt. Dementsprechend habe ich keine Einnahmen mehr und muss von meinem Ersparten leben.

Das Geld schmilzt wie Butter in der Sonne, und ich werde von Woche zu Woche unruhiger. Als ich dann von dem Teilzeitjobangebot einer örtlichen Projektmanagementagentur lese, zögere ich nicht. Dank meines vielfältigen Engagements kenne ich mich in kommunalen Abläufen gut aus, habe Marketingerfahrung und liebe die Region. Eigentlich ideal für die Tätigkeit.

Die Agenturinhaberin sieht es offenbar genauso, denn ich bekomme den Job und habe damit wieder ein festes Einkommen.

Der Arbeitsplatz entpuppt sich als Volltreffer. Ich verstehe mich sehr gut mit der Chefin, die mich sofort freundschaftlich duzt, die Kollegen sind durchweg offen und sympathisch, meine Arbeit macht Spaß. Denn wir betreuen spannende Projekte von der ersten Idee bis zur finalen Umsetzung. Dabei geht es durchaus international zu. Wir nutzen EU-Fördermittel und arbeiten eng mit Tschechien zusammen. Denn der Nationalpark Bayerischer Wald ist zusammen mit dem benachbarten Nationalpark **Šumava** die größte zusammenhängende Waldschutzfläche Mitteleuropas.

Es gibt einen lebhaften Austausch mit den Kollegen jenseits der Grenze. Ich weiß schnell, dass ich diesen Job auch weitermache, wenn Corona einmal Geschichte sein wird.

*

»Hallo, Frau Egger, schön, dass Sie mal wieder bei uns sind.«

Ich bin in Miesbach und habe wie immer bei dieser Gelegenheit ein Zimmer in der Pension Erika gebucht. Die Wirtin begrüßt mich mit einer Umarmung.

Ich stelle nur kurz den Koffer ab, dann laufe ich Richtung Innenstadt. Fast jeder Stein ist mir vertraut. Ich habe in dieser Stadt furchtbare Schuljahre erlebt, aber eben auch manch gute Erinnerung an früher.

Heute bin ich angereist, um meine Freundinnen von damals zu treffen. Natürlich in erster Linie Marion, die zwischenzeitlich wieder in der Nähe von Miesbach lebt. Aber es kommen dieses Mal auch noch zwei andere, die ich aus der Kinderpflegeschule kenne. Wir sehen uns zwei-, dreimal im Jahr, und ich mag diese Begegnungen, weil es schön ist, sich an früher zu erinnern und gleichzeitig von der Zukunft zu reden. Wir sind alle noch jung und haben alle noch Pläne.

Ich denke schon lange nicht mehr an das, was mir einst so zusetzte, dass ich nicht mehr leben wollte. Auch nicht, wenn ich in Miesbach bin. Das ist lange vorbei. Und ich bin mir auch sicher, dass alles heute in dem brutalen Ausmaß wie damals nicht mehr möglich wäre. Die Menschen sehen die Kirche nun kritischer, stellen mehr Fragen, blicken vor allem auch hinter die Kulissen und überhöhen deren »Personal« nicht mehr automatisch. Man sieht heute auch hinter Talar und Kollar, dem ringförmigen weißen Stehkragen, den einzelnen Menschen und weiß, dass sich Gefühle nicht von einem Schwur lebenslang unterdrücken lassen.

Ich habe mittlerweile einen ganz anderen Blick auf meine Familie und ihre Tragik. Einen milden und wohlwollenden. Wir sind alle drei Opfer der Umstände.

In Auerschmied war ich übrigens das letzte Mal zu Mamas 80. Geburtstag. Ich schenkte ihr eine Busreise in die alte Heimat, und sie hat auch höflich gelächelt und Danke gesagt. Seitdem sie kein Auto mehr fährt und den Wagen verkauft hat, kommt sie nicht mehr viel herum, und ich wollte ihr mit der Fahrt eine kleine Freude machen. Aber schon im Bus wurde mir klar, dass es zwar keine schlechte, aber eine unnötige Reise sein würde. Mama hat mitgespielt, mir zuliebe, aber interessiert hat sie sich nicht mehr für diesen Teil ihres Lebens.

Wir sind an dem Haus vorbeigegangen, das über 20 Jahre unser Zuhause war. Es sieht äußerlich alles noch so aus wie früher. Wir haben auch am kleinen Dorfbach gesessen und den Enten zugesehen. Aber wir waren weder wehmütig gestimmt noch ergriffen. Nichts von dem. Wir waren vielmehr hungrig und haben uns auf ein leckeres Abendessen im Hotel in Schliersee gefreut.

Es hat mich überrascht und gefreut zugleich: Für meine Mutter ist das Kapitel abgeschlossen, der Buchdeckel zu. Sie genießt ihr Leben in Schönberg und schützt sich selbst, indem sie alles andere in eine Kiste gepackt hat und gut verschlossen hält. »Was war, ist vorbei, es zählt nur, was man hat und noch bekommt«, meinte sie kürzlich. Ich kann immer noch viel von ihr lernen …

Ich setze mich dann in Miesbach in den Garten des kleinen Cafés, in dem ich als Schülerin kurz vor dem Abitur immer war. Da ich etwas zu zeitig dran bin, bestelle ich mir einen Cappuccino. Ich will mir damit die Wartezeit vertreiben, bis die Mädels kommen. Die meisten haben Familie, nur Marion und ich sind Singles.

Sie trudeln nach und nach ein. Wir wollen es uns heute gut gehen lassen, köstlich essen, Wein trinken, das Leben genießen.

Als Letztes blinzelt Marion um die Ecke. Sie hat eine Freundin dabei, die mit ihr seit Kurzem in der Firma zusammenarbeitet.

»Das ist Lisa, unser Nordlicht aus Hamburg«, stellt sie die Kollegin vor.

»Aus welchem Teil Bayerns kommst du eigentlich?«, will Lisa wenig später von mir wissen.

»Aus Auerschmied, oder besser Hausham, nicht allzu weit entfernt von hier.«

»Da bin ich kürzlich mit dem Auto vorbeigekommen. Schöne Gegend. Dann hat deine Familie bestimmt einen Bauernhof. Das ist ja hier so üblich.«

»Nein, leider nicht. Mein Vater war Pfarrer in der Region.«

»Aber hier sind doch alle katholisch …!«, wirft Lisa da überrascht ein.

»Richtig, aber das geht trotzdem.«

Lisa runzelt die Stirn und sieht mich etwas irritiert an.

»Jaja, klar geht das …«, murmelt sie dann ein wenig verlegen. »Spannend …«

Ich lächle.

»Wie man's nimmt … ja, irgendwie schon!«